PROJEKTREIHE KINDERGARTEN

DIE WIESE

Anja Mohr · Rebecca Meyer

Kaufmann Verlag

Bibliografische Information der Deutschen Bibliothek
Die Deutsche Bibliothek verzeichnet diese Publikation in der Deutschen Nationalbibliografie; detaillierte bibliografische Daten sind im Internet über http://dnb.ddb.de abrufbar.

2. Auflage 2024

Texte: Anja Mohr
Illustrationen: Rebecca Meyer
Fotos von Anja Mohr
Mit Ausnahme von: Cover © S.H.exclusiv – Adobe Stock, Fonds S. 7, 22, 29, 40, 52 © lenny – Adobe Stock, S.7 © candy1812 – Adobe Stock, S.22 © santia3 – Adobe Stock, S.29 © S.H.exclusiv – Adobe Stock, S.40 © viperagp – Adobe Stock, S.52 © Monarc – Adobe Stock

Druck und Bindung: Adverts Printing House

ISBN 978-3-7806-5174-7

Inhalt

3 WAS WÄCHST DA AUF DER WIESE?

4 WAS KRIBBELT UND KRABBELT AUF DER WIESE?

5 WAS FLIEGT DA ÜBER DIE WIESE?

KOPIERVORLAGEN

Liebe Erzieher*innen,

blühende Blumen, Schmetterlinge, bunte Käfer und Grashalme im Wind ... Da bekommt man doch so richtig Lust, gemeinsam mit den Kindern die Wiese zu entdecken!
Eine Exkursion macht in diesem neuen Projektheft den Anfang. Auf diese Weise können die Kinder die Wiese schon gleich von Anfang an mit allen Sinnen erleben, die Vielfalt an Pflanzen entdecken und Tiere aufspüren.
Die tierischen Bewohner der Wiese wie Ameisen, Grashüpfer, Schnecken, Bienen und der Marienkäfer spielen die Hauptrolle in vielen bunten Ideen und Impulsen zum Spielen, Gestalten und Musizieren. Aber auch die Pflanzen der Wiese erforschen Sie mit den Kindern: Mit einem selbst gestalteten Herbarium-Pflanzenführer haben die Kinder diese immer vor Augen und vertiefen spielerisch die Namen der Pflanzen.

Das Thema „Wiese“ bietet einfach unerschöpfliche Möglichkeiten für Kreativaktionen aller Art. Vor allem aber macht es einfach Spaß! Besuchen Sie „Ihre“ Wiese darum so oft wie möglich und nehmen Sie die Ideen und Impulse der Kinder dazu auf. So entsteht Ihr eigenes und ganz individuelles Wiesen-Projekt.

Das Motto unserer „Projektreihe Kindergarten“
Alle Ideen sollen Sie bei der Arbeit kompetent und zielführend unterstützen.
Darum sind sie:

- schnell einsatzbereit und leicht umsetzbar,
- in der Praxis mehrfach erprobt und für gut befunden,
- differenziert auf den Erfahrungs- und Wissenshorizont von Kindern im Alter von drei bis sechs Jahren ausgerichtet,
- klar strukturiert und im Buch schnell zu finden.

Ich wünsche Ihnen und Ihren Kindern ganz besonders viel Spaß beim Entdecken der Wunderwelt „Wiese“.

ANJA MOHR

1

KOMM, WIR ENTDECKEN DIE WIESE!

Die Wiese ist Entdeckerland und Sinnesland zugleich. Und das zu jeder Jahreszeit. Im ersten Kapitel geht es um die Wiese als Ganzes, als Biotop, als Lebensraum und als Platz zum Entspannen, Entdecken und Genießen.

1 Der erste Besuch auf der Wiese

EXKURSION

ALTER ab 3 Jahren

ZIELE Sprache, Beobachtung

MATERIAL Malblätter, Stifte, Fotoapparat, Behältnisse zum Sammeln von Pflanzen

Zu Beginn des Projektes sollte die Wiese zuerst als eine Einheit betrachtet werden. Was können wir sehen und entdecken? Auf diesen Fragen liegt das Hauptaugenmerk.

Informieren Sie sich, wo Sie mit den Kindern am besten in der Nähe der Einrichtung eine Wiese erkunden können.
Planen Sie für den Besuch der Wiese genügend Zeit ein und stellen Sie mit den Kindern Verhaltensregeln für die Wiese auf: Was ist hier wohl wichtig? – Wiesen sind Lebensräume für Tiere und Pflanzen. Wissen die Kinder, was das bedeutet? Genau: Die Kinder sollten sorgsam laufen und schauen, wo sie hintreten. Sie sollten auch nicht wahllos Pflanzen pflücken, sondern immer nur ein bis zwei Exemplare, da die Pflanzen Nahrungsgrundlage für die Wiesentiere sind. Fotografieren Sie, wenn möglich, die Tiere, die die Kinder auf der Wiese entdecken.

Zurück in der Kita stellen Sie Stühle oder legen Sie Sitzkissen für die Kinder im Kreis aus. In die Mitte des Kreises legen Sie die Anschauungsmaterialien sowie die mitgebrachten Wiesenblumen. Die ausgedruckten Bilder von den beobachteten Tieren legen Sie dazu.
Besprechen Sie, welche Pflanzen und Tiere die Kinder schon kennen, und bestimmen Sie gemeinsam mithilfe eines Naturführers oder Kindersachbuches die restlichen Tiere und Pflanzen. Was hat die Kinder am meisten beeindruckt? Was gab es auf der Wiese, was die Kinder beson-

Die Wiese

Als Wiese bezeichnet man eine bewachsene Fläche, auf der Gräser, Blumen und auch Kräuter wachsen. Eine Wiese bietet Tieren und Pflanzen eine Heimat:
Auf Wiesen leben viele Insekten, insbesondere auf bzw. im Umfeld von Blumen.
Zu den bekanntesten und am häufigsten vorkommenden Wiesenblumen zählen Gänseblümchen, Löwenzahn, Schafgarbe und Hahnenfuß.
Eine gemähte Wiese eignet sich nach dem Trocknen gut als Futter für Kühe, Schafe oder Ziegen. Im Gegensatz zum „Rasen" ist eine „echte" Wiese keine Zierwiese für den Garten, sondern ein wildes Biotop und Lebensraum für viele Tier- und Pflanzenarten. Wilde Wiesen werden aufgrund des zunehmenden Flächenfraßes durch Bebauung und durch die intensive Landwirtschaft und Beweidung allerdings immer seltener.

ders interessiert hat? Stellen Sie im Gespräch fest, worüber die Kinder gerne mehr erfahren möchten. Auf diese Weise kann Ihre Projektplanung in Abstimmung mit den Kindern starten.

Gestalten Sie mit den Fotos und den gemalten Bildern eine Projektwand. So ist das Projekt für die Kinder von Anfang an präsent.

HINWEIS Wegen der Zeckengefahr achten Sie beim Wiesenbesuch auf lange Hosen und geschlossene Schuhe. Weisen Sie auch die Eltern auf die Gefahr von Zeckenbissen hin. Möglichst sollten die Eltern ihre Kinder nach dem Abholen aus der Kita zu Hause nach Zecken absuchen.

2 Picknick auf einer Wiese – aber wie?

SACHWISSEN UND KREATIVAKTION

ALTER ab 4 Jahren

ZIELE Naturwissen über Bienen und Wespen, Sprache, Kreativität

MATERIAL eine 0,5-l-Plastikflasche pro Kind, Trinkhalm (umweltfreundlich), zusätzlich Bild von einer Biene und einer Wespe, Acrylfarben und Pinsel, Drillbohrer (nur für die pädagogische Fachkraft)

Wenn Sie einen Tag auf der Wiese verbringen, schließt dieser meist Essen und Trinken mit ein. Doch ein Picknick auf einer Wiese kann eine Herausforderung sein. Oft schwirren Insekten, vor allem Wespen und Bienen, hartnäckig herum, immer auf der Suche nach Nahrung. Zusammen mit den Kindern erarbeiten Sie den richtigen Umgang mit Bienen und Wespen. Im Abschluss gestaltet sich jedes Kind seine eigene sichere Trinkflasche für den Sommer.

Ein Picknick wird die Kinder sicher begeistern. Aber wissen die Kinder auch, was man dabei beachten muss? Legen Sie das Bild der Biene und der Wespe in die Mitte Ihres Sitzkreises. Lassen Sie die Kinder die Tiere zuerst beschreiben, bestimmen und auch erzählen, wo sie diese Tiere schon gesehen und beobachtet haben. Die Kinder werden erkennen, auf was Sie sie hinweisen wollen, weil sie vielleicht schon einmal erlebt haben, wie Bienen und Wespen auf Essen reagieren. Mit folgenden Fragen können Sie das Gespräch in die gewünschte Richtung lenken:

Warum werden diese Tiere von unserem Essen angelockt?

Insekten werden durch Gerüche etwa von Speisen, Getränken und auch von Schweiß angelockt. Zählen Sie gemeinsam auf, welche Lebensmittel und Getränke bei einem Picknick Bienen und Wespen anlocken könnten. Nicht nur süße Getränke sind für Insekten interessant, gerade Wespen lieben auch Wurst und andere herzhafte Lebensmittel.

Wie können wir uns schützen?

- süße Getränke durch Wasser ersetzen,
- zum Trinken einen Trinkhalm benutzen,
- bevor wir etwas in den Mund stecken, darauf achten, dass keine Wespe oder Biene auf dem Essen sitzt,
- Essen immer in verschließbare Gefäße oder Behälter geben, damit der Duft die Tiere nicht anlockt,
- nach dem Essen den Mund und die Hände mit einem feuchten Tuch abwischen,
- Essenreste immer gleich verpacken,
- nicht barfuß über blühende Wiesen laufen.

Was tun, wenn uns Bienen oder Wespen umschwirren?

- nicht nach den Tieren schlagen oder sie wegpusten, da dies die Tiere alarmiert,
- stets den Mund geschlossen halten,
- die Tiere nicht ruckartig wegscheuchen, sondern vorsichtig wegschieben.

Was tun, wenn es einen Stich gab?

- Bei einem Wespenstich die Stichstelle rasch kühlen.
- Bei einem Bienenstich bleibt der Stachel stecken. Diesen nicht mit den Fingern entfernen, da dies das Bienengift in die Wunde drückt. Hierfür eine Pinzette verwenden.
- Bei folgenden Anzeichen sofort einen Arzt aufsuchen: Schwindel, Übelkeit, Atemnot, schnelle Ausbreitung der Rötung nach dem Stich oder bei Stichen in Mund und Augen(-nähe).

Bevor es zum Picknick gehen kann, stellen Sie gemeinsam mit den Kindern eine sichere Trinkflasche für jedes Kind her. Dafür erhält jeder eine Trinkflasche, die vom Kind mit der Acrylfarbe bunt gestalten werden darf. Währenddessen bohren Sie in jeden Flaschenverschluss ein Loch, in das später ein Trinkhalm passt. Wenn die Flaschen getrocknet sind, die Flaschen mit Wasser füllen und verschließen. Anschließend den Trinkhalm in das Loch stecken und die Trinkflasche ist bereit für ihren Einsatz.

Das Wiesenhochhaus

Eine Wiese teilt sich in Stockwerke ein, die verschiedenen Tieren den besten Lebensraum bieten.

Die Wurzelschicht
Unter der Erde, im Wurzelbereich der Pflanzen, tummeln sich viele Bewohner. Diese mögen das Tageslicht nicht, z. B. der Maulwurf, oder brauchen die Feuchtigkeit der Erde, wie die Regenwürmer. Aber auch Insektenlarven, Milben oder Mäuse finden nicht nur eine Heimat, sondern auch Nahrung hier.

Die Streuschicht
Diese Schicht befindet sich direkt über bzw. auf dem Boden. Hier leben Laufkäfer und Ameisen nutzen den Boden als Straßen. Schnecken nutzen den Boden, um ihre Futterpflanzen zu erreichen.

Die Krautschicht
Die über der Krautschicht liegende Blütenschicht schützt diese vor starker Sonneneinstrahlung. Vorranging sind hier Blätter und Halme zu finden, die von Heuschrecken und anderen pflanzenfressenden Insekten verspeist werden. Blattläuse leben an den Halmen genauso wie Insektenlarven, z. B. von Schmetterlingen.

Die Blütenschicht
Auf der obersten Schicht der Wiese lassen sich hauptsächlich Blumenblüten und Wildkräuter finden. Diese Schicht ist vor allem die Nahrungsquelle für fliegende Insekten wie Bienen, Hummeln oder Schmetterlinge, aber auch kleine Spinnen und Käfer sind hier zu finden.

3 Krabbeltier-Safari

BEWEGUNGSAKTION

ALTER ab 2,5 Jahren

ZIELE Grobmotorik, Sprachverständnis

MATERIAL ein Sitzkissen pro Kind, Gymnastikmatten

Mit dieser Bewegungsgeschichte besuchen Sie mit den Kindern eine Wiese in der Fantasie. Und dabei ist Bewegung angesagt!

Kommen Sie mit den Kindern im Bewegungsraum zusammen. Bilden Sie mit den Sitzkissen einen Kreis und legen Sie die Gymnastikmatten verteilt im Raum aus. Erzählen Sie, dass Sie heute gemeinsam mit den Kindern über eine Wiese spazieren möchten und dort einiges entdecken werden.

Geschichte

Die Sonne scheint heute schön warm und gemeinsam wollen wir eine Wiese besuchen.
Kommt, lasst uns losmarschieren!
Die Kinder stehen auf und laufen durch den Raum.

Wir freuen uns so sehr, dass wir hüpfen und uns auch mal springend fortbewegen.
Die Kinder sollen mal springen und fröhlich hüpfen.

Da ist die Wiese schon, viele bunte Blumen blühen auf ihr.
Wir können an den Blumen riechen.
Kinder bücken sich, riechen und wiederholen dies mehrmals.

Es fliegen auch bunte Schmetterlinge über die Wiese.
Kinder spielen Schmetterlinge und fliegen mit ausgebreiteten Armen durch den Raum.

Verschiedene Käfer krabbeln durchs Gras.
Die Kinder knien sich hin und krabbeln über die Gymnastikmatten.

Und kleine Raupen kriechen an Grashalmen entlang.
Die Kinder legen sich flach auf den Boden und kriechen.

Eine Biene sitzt auf einer Blüte.
Die Kinder nehmen sich ein Sitzkissen und suchen sich einen Platz im Raum.

Die Biene fliegt zur nächsten Blüte.
Die Kinder wechseln die Plätze. Mehrere Wiederholungen.

Ja, da hüpft ja ein Grashüpfer über die Wiese!
Die Kinder gehen in die Hocke und hüpfen.

Eine Schnecke kriecht durchs Gras und immer, wenn sie ein Geräusch hört, versteckt sie sich in ihrem Haus.
Kinder kriechen über den Boden und bei „die Schnecke hört ein Geräusch" rollen sie sich zusammen.

Nun sind wir vom vielen Fliegen, Krabbeln, Kriechen und Springen müde geworden.
Sucht euch alle einen schönen Platz und legt euch bequem hin.
Alle Kinder legen sich auf den Boden.

Schließt die Augen und ruht euch einfach ein bisschen aus.
Ihr spürt die warmen Sonnenstrahlen. In Gedanken geht ihr über die Wiese,
erfreut euch an den vielen Farben und dem Duft um euch herum.
Ihr genießt die Ruhe und das Gefühl, euch ausruhen zu können.

Lassen Sie die Kinder noch kurz entspannen und holen Sie sie dann zurück. Damit beenden Sie diese Bewegungseinheit.

4 Die Farben der Wiese

AKTION/EXKURSION

ALTER ab 3 Jahren

ZIELE Farben erkennen, Naturwissen, Beobachtung

MATERIAL Papier in verschiedenen Farben, Materialschälchen, weißes Tuch, Bestimmungsbuch zu „Wiesenpflanzen“

Eine Wiese zeigt sich vom Frühling bis in den Herbst in verschiedenen Farben. Aber in welchen? Mit dieser Aktion machen Sie die Kinder mit den verschiedenen bunten Wiesenpflanzen vertraut.

Bevor Sie mit den Kindern dieses Angebot durchführen, gehen Sie zu Ihrer Wiese und schauen Sie sich an, welche Blumen hier gerade blühen. Wenn genügend Blumen da sind, dann nehmen Sie auch einige von jeder Farbe mit in die Kita.
Zurück in der Einrichtung fertigen Sie Papierstreifen in den Blühfarben an. Diese können Sie einfach auf ein Plakat kleben. Dieses Plakat nehmen Sie zu Ihrem nächsten Wiesenbesuch (auf dieser oder auf einer anderen Wiese) mit!

An der Wiese angelangt, betrachten Sie noch einmal das Plakat. Die Kinder haben nun die Aufgabe, als Farbendetektive zu jedem Papierstreifen eine farblich passende Wiesenblume zu finden. Dafür können sich die Kinder Materialschälchen mitnehmen. Weisen Sie die Kinder wieder darauf hin, immer nur eine Blume je Farbe zu pflücken und nicht ganze Büschel auszureißen. Wenn die Kinder in Grüppchen suchen, werden noch weniger Blumen gepflückt. Haben alle die Aufgabe beendet, kommen Sie wieder im Kreis zusammen. Legen Sie das weiße Tuch in die Mitte und das Plakat darauf. Nacheinander könnend die Kinder nun ihre Blumen passend zu den Papierstreifen auf das Plakat legen. Benennen Sie mithilfe der Kinder die Farben und geben den Blumen auch Namen. Wenn nötig, schauen Sie dazu gemeinsam im Wiesenpflanzenbuch nach. Sie können sich aber natürlich auch Fantasienamen ausdenken.

TIPP Nehmen Sie die Blumen am Ende mit in die Einrichtung. Diese können für das Gruppen-Herbarium genutzt werden.

5 Blüten haben unterschiedliche Farben

NATURWISSEN UND KREATIVAKTION

ALTER ab 4 Jahren

ZIELE Naturwissen, Feinmotorik, Farben kennenlernen

MATERIAL zwei verschiedenfarbige Wiesenblumen, Gartenzeitschriften, Schere, Kleber, großes Plakat

Diese Frage haben Ihnen die Kinder vielleicht wirklich schon gestellt. Welche Farben gefallen den Kindern am besten? Und haben vielleicht auch Insekten Präferenzen? In dieser Aktion finden Sie all das heraus!

Setzen Sie sich mit den Kindern an einen Tisch und stellen Sie die zwei verschiedenfarbigen Blumen (am besten Wiesenblumen) in die Mitte. Fragen Sie die Kinder, was sie erkennen und benennen können. Bevor Sie näher auf die Blütenfarbe eingehen, sollen die Kinder die Blumen beschreiben. Stellen Sie die Frage, warum die Blüten unterschiedliche Farben haben. Sammeln Sie die Ideen der Kinder. Kommen sie auf die richtige Idee?
Die wichtigste Funktion der bunten Blütenblätter der Pflanzen ist, Insekten mit diesen auffallenden Farben anzulocken. Die Pflanzen benutzen die Insekten, um ihre Pollen zu anderen Blüten transportieren zu lassen. Denn so können sie sich fortpflanzen, das heißt, so können sie neue Blumen entstehen lassen. Ein raffinierter Trick! Jetzt müssen die Pflanzen nur noch eine Art „Wegweiser" (Farbe und Duft) für die Insekten aufstellen, damit diese wissen, wo sie hinfliegen müssen, und schon können neue Blumen bzw. Samen entstehen.

Legen Sie nun Gartenzeitschriften in die Mitte und bitten die Kinder, dass sie Blüten mit unterschiedlichen Farben ausschneiden sollen. Wenn die Kinder genügend „Blüten" zusammen

Pollen, Samen und Tiere

Wenn man eine Wiese besucht, bleibt es nicht aus, dass man auch viele Insekten sehen kann, die auf Blüten sitzen. Das ist für die Blumen sehr wichtig, denn nur wenn sie Besuch von Insekten bekommen, haben sie die Möglichkeit, dass ihre Pollen zur nächsten Blume getragen oder ihre Samen verteilt werden.
Wissenschaftler haben festgestellt, dass die Blüten in den Farben Gelb und Weiß bei den meisten Insekten beliebt sind, da diese hell und gut sichtbar sind – auch für nachtaktive Insekten. Bienen können UV-Licht wahrnehmen und mögen gelbe und blauviolette Blüten daher gerne.
Manche Pflanzen gehen anders dabei vor, ihre Pollen und Samen zu verteilen, wie z. B. Gräser und auch Bäume, die sich den Wind oder auch Tiere zunutze machen.

haben, beginnen Sie, die Blumen gemeinsam nach Farben zu sortieren, und kleben Sie sie auf ein Plakat.
Stellen Sie mit den Kindern fest, welche Farben sie in den Zeitschriften am meisten gefunden haben. Das werden gelbe, weiße, rosa- und lilafarbene Blüten sein. Denn diese Farben werden von den meisten Insekten bevorzugt.

Erweiterung

Legen Sie auf eine Wiese Malblätter in verschiedenen Farben und beobachten diese „Blätter" mit den Kindern. Sie werden schon nach kurzer Zeit feststellen, dass manche Blätter Insekten regelrecht anziehen. Schauen Sie ganz genau hin: Lassen sich manche Insekten auf bestimmten Farben häufiger nieder als auf anderen? Um Insekten anzulocken, können Sie die Blätter auch mit Zuckerwasser beträufeln.

6 Samen verbreiten sich

WISSENSVERMITTLUNG

ALTER ab 4 Jahren

ZIELE Naturwissen, Sprachförderung

MATERIAL Pusteblume, blühender Grashalm, Lupe, Klettband oder Schuh mit Klettverschluss

Samen breiten sich über die verschiedensten Wege und Möglichkeiten aus. Wissen die Kinder, welche Tricks sich die Pflanzen einfallen lassen, um ihre Samen auf die Reise zu schicken?

Kommen Sie mit den Kindern zu einem Sitzkreis zusammen und stellen die Frage: „Wie wachsen neue Pflanzen?" Die Kinder werden bestimmt Ideen haben, z. B., dass man sie sät. Und warum wächst dann so viel Löwenzahn auf der Wiese? Niemand hat diesen gesät und doch wächst er überall.
Finden Sie nun gemeinsam mit den Kindern heraus, welche Ausbreitungsstrategien es bei Samen gibt, und beginnen Sie mit dem Löwenzahn. Untersuchen Sie dazu gemeinsam die mitgebrachte Pusteblume.

Betrachten Sie mit Lupen die Pusteblume genauer. Zupfen Sie eines der Schirmchen heraus, das die Kinder sich mit der Lupe anschauen: Ganz unten am Schirmchen hängt ein kleines Körnchen, der Samen.

Der Schirm ist tatsächlich die Strategie dieser Pflanze. Das kleine Samenkörnchen nutzt das Schirmchen, um sich vom Wind besser tragen zu lassen. Nicht nur der Löwenzahn, auch einige andere Pflanzen haben sehr kleine feine Samen, die bereits vom leisesten Windhauch mitgenommen werden. Andere Pflanzen versehen ihre Samen mit Segeln, sie besitzen meist größere Samen, die erst bei stärkerem Wind wegfliegen. Ahornsamen im Herbst haben beispielsweise eine Art Propeller, die Samen vom Wiesenbocksbart haben ebenfalls kleine Schirmchen. Lassen Sie die Kinder mal auf die Pusteblume blasen und beobachten Sie gemeinsam, wie weit die Samen fliegen können.

Andere Pflanzen haben eine andere clevere Strategie: Sie haben Kletten-Samen entwickelt, die mit kleinen Haken versehen sind und im Fell von Säugetieren hängen bleiben. So werden die Samen einige Zeit von diesen getragen und fallen alleine oder beim Schütteln wieder herab. Auch wir Menschen tragen die Samen weiter, in den Ritzen unserer Schuhsohlen oder an unserer Kleidung. Erklären können Sie den Kindern das Prinzip ganz einfach mit einem Klett-verschluss an Schuhen. Sie können die kleinen Kletten aber auch in der echten Natur finden. Das Wiesenlab-kraut hat beispielsweise solche Klettensamen.

Erweiterung

Im Sommer und Frühherbst steht die Wiese voller fruchtender Pflanzen und es ist leicht, diesen ihre Samen zu entlocken. Dazu zieht jedes Kind ein Paar alte, helle Wollsocken an und läuft mit ihnen über die Wiese. Die Samen verfangen sich in den Socken. Mit der Lupe können die Samen anschließend betrachtet werden. Nun die Samen von den Socken abzupfen und mitnehmen. Zu Hause oder im Kindergarten können die Samen in einen Blumenkasten gepflanzt werden.

7 Druck dir eine Wiese!

KREATIVAKTION

ALTER ab 2 Jahren

ZIELE Farben kennenlernen, Kreativität, Feinmotorik

MATERIAL Gabeln, leere Küchenpapierrollen, Korken, 3–5 verschiedene Fingerfarben, Pinsel, Schälchen, Malblätter DIN A3

In vielen verschiedenen Farben und Formen blühen die Blumen auf einer Wiese. Bei dieser Kreativaktion können die Kinder diese Vielfalt durch clevere Drucktechniken abbilden. Schon die jüngeren Kinder können hier mitmachen und tolle Wiesen kreieren.

Füllen Sie die Fingerfarben in flache Schälchen. Einen Blumenstempel können Sie ganz einfach herstellen: Schneiden Sie die leere Papprolle vom Küchenpapier an einem Ende gleichmäßig sechsmal ein. Die Schnitte sollten eine Länge von etwa 2 Zentimetern haben und rund um die Öffnung angesetzt werden. Knicken Sie die Pappe an den Schnittstellen nach außen. Fertig! Bereiten Sie auf diese Weise am besten für jede Blütenfarbe einen solchen Stempel vor. Legen Sie für jede Farbe auch eine Gabel und einen Korken bereit. So müssen Sie das Druckmaterial nicht zwischendurch reinigen, wenn die Kinder eine neue Farbe verwenden.

Wie druckt man nun mit diesen Utensilien? Finden die Kinder es selbst heraus? Am besten machen die Kinder auf einem separaten Blatt zunächst ein paar Trockenübungen:

- Mit dem Korken: Den Korken in die Farbe tunken oder mit einem Pinsel bestreichen. Dann mehrmals eng nebeneinander auf das Blatt drücken, sodass ein Kreis von Blütenblättern entsteht.
- Mit der Küchenrolle: Die Streifen der Küchenrolle in die Farbe tunken oder mit dem Pinsel bestreichen. Dann mit der Küchenrolle aufs Blatt stempeln. Gegebenenfalls die einzelnen Blütenblätter etwas andrücken.
- Mit der Gabel: Mit dem Pinsel einen Punkt auf das Blatt malen. Die Gabel in die Farbe tunken oder mit dem Pinsel bestreichen und im Kreis um den Punkt stempeln, damit feine Blütenblätter entstehen.

Auf diese Weise können die Kinder viele Blumen auf ihr Blatt stempeln. Zum Schluss können sie, vielleicht mit etwas Hilfe, noch Blätter und Stiele mit Pinseln und grüner Farbe ergänzen.

Was ist ein Herbarium?

Ein Herbarium ist eine Sammlung von getrockneten Pflanzen, die dazu zunächst gepresst und später auf Blätter geklebt werden. Auch heute noch arbeiten Wissenschaftler mit dieser Art von Hilfsmittel. Der Name kommt aus dem Lateinischen, wo „herba" Pflanze oder Kraut bedeutet.

8 Unser eigenes Wiesen-Herbarium

SACHWISSEN

ALTER ab 3 Jahren

ZIELE Naturwissen, Beobachtung

MATERIAL Wiesenblumen, Blütenpresse, Küchenpapier, DIN-A5-Blätter, Laminiergerät und -folie, Bast oder Band, Locher, Stift, Leintuch, Bestimmungsbuch

Das Wissen über Pflanzen auf einer Wiese wird durch das Herstellen eines Herbariums gefestigt. Toll, dass sich die Kinder mit einem Herbarium ihr eigenes Bestimmungsbuch selbst herstellen können.

Gehen Sie mit den Kindern auf einen Wiesenspaziergang. Legen Sie auf der Wiese angekommen ein Leintuch oder ein anderes weißes Tuch aus. Die Kinder suchen verschiedene Blumen und Gräser. Von jeder Pflanzenart soll aber nur ein Exemplar auf dem Leintuch liegen. Die Kinder dürfen also nicht wahllos pflücken, sondern sie müssen sich absprechen und immer wieder nachschauen, was schon auf dem Tuch liegt.
Nehmen Sie dann gemeinsam um das Tuch herum Platz. Welche der Pflanzen kennen die Kinder schon? Nennen Sie gemeinsam die Namen der Pflanzen. Anschließend bestimmen die Kinder mit Ihrer Hilfe die restlichen Pflanzen.

Haben die Kinder Lust, die Pflanzen nun mitzunehmen und „haltbar“ zu machen?
Zurück in der Einrichtung legen die Kinder die Pflanzen zwischen Küchentücher und pressen sie in einer Pflanzenpresse. Wenn Sie keine Pflanzenpresse haben, stapeln Sie einige Bücher auf die Pflanzen. Nach etwa zehn Tagen können Sie die Pflanzen aus der Presse nehmen. Die Kinder dürfen sich eine Pflanze aussuchen und sie auf einem DIN-A5-Blatt arrangieren. Nun die Blüte, die Stängel und die Blätter vorsichtig mit Klebstoff fixieren. Vielleicht können die Kinder auch noch etwas dazu malen. So kann z. B. der Name gemalt werden – bei Löwenzahn ein Löwe und ein Zahn, bei Gänseblümchen eine Gans und eine Blume. Schreiben Sie anschließend noch den Namen dazu.
Laminieren Sie die einzelnen Blätter ein und lochen Sie sie. Binden Sie die Blätter mit einem Band zusammen oder sammeln Sie sie in einem Ordner. Jetzt kann das so entstandene Herbarium von den Kindern immer wieder aufs Neue betrachtet werden.

9 Eine Wiese im Blumenkasten

VERSUCH

ALTER ab 3 Jahren

ZIELE Verantwortung, Sachwissen

MATERIAL Blumenkasten, Saatmischung, Gießkanne, Kieselsteine, Anzuchterde, Wasser, Schaufel

Im Gartenmarkt bekommt man Samenmischungen für Wildblumenwiesen. Wildblumen sehen nicht nur schön aus, sie blühen auch lange und bieten Insekten einen reich gedeckten Tisch.

Besorgen Sie vorab 1–2 Packungen Saatmischung für Wildblumen.
Laden Sie die Kinder ein, ein oder zwei Blumenkästen gemeinsam zu bepflanzen. Für das Wildblumenbeet im Blumenkasten nehmen Sie am besten „Anzuchterde" aus dem Gartenmarkt. Die Kinder füllen den Blumenkasten ca. drei Zentimeter hoch mit Kieselsteinen, damit das Gießwasser später besser ablaufen kann. Darauf wird die Erde gefüllt. Die Kinder streuen die Blumensamen obendrauf und drücken sie ein wenig an. Jetzt können sie noch eine dünne Schicht Erde darüber geben. Die Kinder gießen das erste Mal und müssen von nun an die Erde immer etwas feucht halten. Nach gut einer Woche können Sie mit etwas Glück schon die ersten Triebe bestaunen.
Wenn Sie in Ihrer Einrichtung eine kleine sonnige Ecke frei haben, pflanzen Sie mit den Kindern die Blumen direkt in die Erde.
Die Erde hierfür etwas auflockern und die Blumen einstreuen. Ein wenig Erde darübergeben und gießen. Dabei aufpassen, dass die Samen nicht weggespült werden. Auch dieses Beet in der ersten Zeit schön feucht halten.

2

UNTER DER WIESE

Unter der Erde, also sozusagen im Keller der Wiese, finden wir nicht nur die Wurzeln von Pflanzen, auch viele Tiere leben dort. Kaninchen, Mäuse und Maulwürfe bauen Höhlen und Gänge, Regenwürmer und Tausendfüßler graben die Wiese um.

10 Der arme Maulwurf

GESCHICHTE

ALTER ab 3 Jahren

ZIELE Sprache, Konzentration, Aufmerksamkeit

MATERIAL Sitzkissen für jedes Kind, Bild eines Maulwurfs

Der Maulwurf ist ein spannendes Tier, da er fast ausschließlich unter der Erde lebt. Und obwohl man ihn nicht leicht zu Gesicht bekommt, kennt ihn doch jedes Kind.

Laden Sie die Kinder zu einem Sitzkreis ein und zeigen das Bild eines Maulwurfs. Die Kinder werden diesen bestimmt erkennen. Lesen Sie anschließend die Geschichte vor.

Geschichte

Ein kleiner Maulwurf lebte im dunklen Erdreich einer Wiese. Dort bohrte er mit seiner spitzen Schnauze Löcher und Gänge. Den ganzen Tag hatte er schon an einem neuen Gang gearbeitet. „Heute habe ich schon viel geschafft! So einen langen und vor allem schönen Tunnel habe ich noch nie gegraben. Da werden die anderen bestimmt neidisch werden. Aber die dürfen da nicht rein, das ist nur mein Tunnel!"
Dann drehte der kleine Maulwurf sich um, schob noch den Boden und die Wände mit seinen breiten Schaufeln glatt und wollte dann in seine Wohnung zurückkriechen. Seine Wohnung, das war eine große Höhle, tief in der Erde, mit Gras und Moos gepolstert.
Da stoppte er plötzlich. „Nanu", sagte er zu sich selbst, „was riecht da meine empfindliche Nase? Da ist doch jemand in meinem Tunnel!"
Ärgerlich schob der kleine Maulwurf sich vorwärts und stieß mit der Nase an etwas Weiches.
„Hey", rief das weiche Fellbündel. „Pass doch auf, du großes Ungetüm! Hast du mich nicht gesehen?"
„Gesehen? Ich kann nicht viel sehen", sagte der Maulwurf. „Ich habe dich gerochen und gefühlt. Du bist nämlich in meinem schönen neuen Gang, also verschwinde."
„Ich kann gut sehen", sagte die Maus. „Das hilft mir, wenn mich jemand fangen will, und das wollte gerade ein großer Vogel. Ich konnte eben noch in deinen Tunnel schlüpfen."
„Ein Vogel?", fragte der Maulwurf. „Die gibt es hier nicht unter der Erde. Unter der Erde braucht man auch nichts zu sehen. Da ist es dunkel."
„Aber das Sehen ist etwas so Schönes", sagte die Maus. „Es ist herrlich, die wogenden Gräser in der Sonne zu sehen oder die schöne bunte Blumenpracht. Es ist so schön über der Erde."
„Ich bin noch nie über der Erde gewesen", brummte der Maulwurf.
„Komm mit", sagte die Maus, „ich zeige dir die Wiese."
Flink huschte sie durch die breiten Maulwurfsgänge und der Maulwurf kroch hinterher.
„Komm hier heraus", hörte er die Maus piepsen. „Die Sonne scheint hell und warm."

Der Maulwurf schob sich nach oben und streckte seine Schnauze zum ersten Mal in die freie Luft. Im nächsten Augenblick durchzuckte ihn ein unangenehmes Gefühl. „Au!“, rief er. „Was ist das? Das ist ja heiß und brennt auf meinem Fell und ist ganz hell in meinen Augen! Soll das die Sonne sein, von der du so schwärmst? Nein, danke, ich verzichte! Da bleibe ich lieber in meiner dunklen Höhle.“
Schon drehte er sich um und verschwand wieder in der Erde. „So ein Unsinn!“, brummte er vor sich hin. „Sehen und Sonne, ich bleib im Dunkeln unter der Erde!“
„Komm doch heraus, du wirst dich daran gewöhnen“, rief die Maus ihm hinterher.
Aber der Maulwurf hörte nicht mehr zu.
Die kleine Maus lief über der Erde davon und erfreute sich an den Blumen und dachte dabei an den Maulwurf, der die schöne Blütenpracht und die Sonne nicht sehen wollte. Der arme Maulwurf!

Sprechen Sie mit den Kindern darüber, ob es für den Maulwurf sehr schlimm ist, dass er die Blumen und die Sonne nicht genau sehen kann. Gehen Sie darauf ein, dass dem Maulwurf sein Tunnel gut gefällt und er lieber unter der Erde lebt.

Der Maulwurf

Der Maulwurf ist ein kleines Säugetier, das meist nicht größer als 20 Zentimeter wird und circa 100 Gramm wiegt. Er hat winzig kleine Augen, mit denen er aber nur hell und dunkel unterscheiden kann. Hören kann der Maulwurf allerdings gut.
Der Maulwurf hat Schaufelhände, mit denen er Tunnel unter der Erde gräbt. Diese Tunnel bzw. Gänge verlaufen nahe an der Erdoberfläche und werden von Kammern unterbrochen. Diese nutzt der Maulwurf als Ruheplatz und polstert sie daher mit Moos und Blättern aus. Der Maulwurf ernährt sich von Regenwürmern, Insekten und Spinnen. Beim Fangen seiner Nahrung hilft ihm seine gute Nase an deren Ende kleine Tastorgane sitzen, die es ihm ermöglichen, Bewegungen zu spüren und so seine Beute zu fangen.
Ein Maulwurf hält keinen Winterschlaf, er legt sich jedoch Vorratskammern an, in denen er für den Winter Nahrung sammelt. Seine Feinde sind Vögel, Marder, Füchse und Dachse.

11 Der Maulwurf

KREATIVAKTION

ALTER ab 4 Jahren

ZIELE Feinmotorik, Kreativität

MATERIAL Bild eines Maulwurfs, Schere, Kleber, Kopiervorlage „Maulwurf", Tonkarton in Schwarz, Braun und Rosa, Bleistift, braune Fingerfarbe, Pinsel

Zuerst erfahren die Kinder etwas über die Lebensweise und das Aussehen des Maulwurfes. Anschließend gestalten Sie mit den Kindern einen Maulwurf. Dazu malen oder basteln die Kinder frei einen Maulwurfshügel.

Übertragen Sie gemeinsam die Vorlage vom Körper auf den schwarzen Tonkarton, die „Hände" und Schnauze auf den rosa Karton.
Laden Sie die Kinder ein, den Maulwurf zu basteln. Betrachten Sie vorher mit den Kindern das Bild eines Maulwurfes, um die Kinder mit dem Tier vertraut zu machen. Gehen Sie auf das Aussehen und die Lebensweise ein. Anschließend schneiden die Kinder die Einzelteile aus und kleben diese nach der Vorlage zusammen. Jeder darf seinem Maulwurf ein Zuhause geben und einen Maulwurfshügel malen oder aus Papier ausschneiden. An dem Hügel kleben die Kinder den Maulwurf dann fest.

12 Der Regenwurm

AKTION

ALTER ab 4 Jahren

ZIELE Beobachtung, Sachwissen

MATERIAL Aquarium oder großes Glas mit Deckel (wichtig Luftlöcher!), Sammelbehälter, Gartenerde, Sand, Blätter, Zwiebelschalen

Die meisten Kinder wissen, dass Regenwürmer in der Erde leben. Doch dort lassen sie sich leider schlecht beobachten, dabei sind sie äußerst spannend. Es gibt jedoch die Möglichkeit, sie artgerecht für einige Tage in einem Aquarium oder großen Glas zu halten, damit die Kinder sie beobachten können.

Die Kinder füllen ein Glasgefäß oder Aquarium immer abwechselnd mit je drei 3 cm dicken Schichten aus jeweils dunkler Gartenerde und Sand. Als oberste Auflage folgt eine Futterschicht aus frischen Blättern, Laub und Zwiebelschalen. Wichtig: Wenn das Gefäß einen Deckel hat, müssen ausreichend Luftlöcher in diesen gebohrt werden, damit die Regenwürmer Sauerstoff haben.
Bevor es an das Beobachten der Regenwürmer geht, müssen diese in der freien Natur „eingesammelt" werden. Am einfachsten ist es an einem regnerischen Tag, die Regenwürmer aufzuspüren. Die Kinder lesen sie sehr vorsichtig auf, um sie nicht zu verletzen, und legen sie in einen Sammelbehälter, den sie zuvor mit feuchter Erde gefüllt haben.

Der Regenwurm

Ein Regenwurm kann bis zu 30 Zentimeter lang werden. Wenn man ihn genauer betrachtet, lässt sich erkennen, dass der Körper „unterteilt" ist. Man nennt diese „Teile" Segmente. Ein einzelner Wurm kann bis zu 150 Segmente haben. Kopf und Hinterteil sind schwer zu unterscheiden. Die Hautoberfläche ist nackt und sieht schleimig aus.
Jedes Segment seines Körpers verfügt über ein Paar kleine Chitinborsten, die der Verankerung im Boden dienen. Der Regenwurm bewegt sich wellenförmig fort, durch das Zusammenziehen und Entspannen seiner Hautmuskeln.
Ein Regenwurm lebt überall dort, wo es organischen „Abfall" gibt, auch unter einer Wiese. Hier gräbt er lange Gänge in die Erde. Er ernährt sich von abgestorbenen Pflanzenteilen.
Seinen Namen hat der Regenwurm, da er bei Regen seine Gänge verlässt, damit er in ihnen nicht ertrinkt. Die Sonne mag er nicht, weil seine Körperoberfläche sehr empfindlich ist. Der Regenwurm ist sehr wichtig für unsere Erde, denn er ist der Abfallverwerter. Er hat jedoch sehr viele Feinde, die ihn als Mahlzeit ansehen, wie Vögel, Maulwürfe, Mäuse und Füchse.

Die gesammelten Regenwürmer werden nun in den Behälter hineingesetzt und die Erde wird befeuchtet. Den Behälter nun an einen kühlen und dunklen Ort stellen. Jetzt sollte darauf geachtet werden, dass die Erde stets leicht feucht ist. Ab und zu sollten auch neue Blätter eingefüllt werden.

Die Kinder können nun beobachten, wie die Regenwürmer unter der Futterschicht verschwinden und sich Gänge in die Erde graben. In diese Gänge ziehen sie nach und nach die Pflanzenreste hinein, um sie dort zu fressen und zu verdauen. Sie können auch beobachten, dass sich die Erdschichten miteinander vermischen. Nach zwei bis drei Wochen Beobachtungszeit entlassen Sie mit den Kindern die Regenwürmer wieder in die Freiheit.

13 Du fängst mich nicht!

SPIEL

ALTER ab 4 Jahren

ZIELE Grobmotorik, Reaktion

MATERIAL Handtrommel, Augenbinde

Ein Regenwurm ist die Lieblingsspeise eines Maulwurfs. Doch vielleicht kann der Regenwurm ihm ja entwischen? Wollen die Kinder es einmal ausprobieren?

Kommen Sie mit den Kindern im Bewegungsraum oder auf einer freien Fläche zusammen. Die Kinder bilden einen Kreis, der den Bereich unter der Erde darstellt. Ein Kind darf den Maulwurf spielen und ein anderes den Regenwurm. Beide stellen sich in den Kreis. Der Maulwurf bekommt die Augen verbunden. Zuerst stehen beide im Kreis und bewegen sich nicht. Doch wenn die Handtrommel einsetzt, die den Regen darstellt, muss der Regenwurm versuchen, den Kreis zu verlassen, da er sonst ertrinken könnte.

Die Handtrommel stoppt wieder und der Maulwurf lauscht nun auf den Wurm und soll ihn fangen, bevor diesem die Flucht gelingt. Der Regenwurm versucht sich durch die Kinder zu quetschen und aus dem Kreis zu entwischen. Dabei machen die Kinder den Kreis so dicht wie möglich. Das Spiel ist beendet, wenn der Regenwurm aus dem Kreis entflieht oder gefangen wird. Dann sind die nächsten Kinder an der Reihe.

3

WAS WÄCHST DA AUF DER WIESE?

Löwenzahn und Gänseblümchen, Schafgarbe, Margerite oder Klatschmohn: In diesem Kapitel geht es um die pflanzlichen Bewohner der Wiese. Je nach Jahreszeit können Sie Wildkräuter, Disteln und viele andere auf Ihrer Wiese antreffen.

14 Löwenzahn-Druck

KREATIVAKTION

ALTER ab 3 Jahren

ZIELE Feinmotorik, Naturwissen

MATERIAL Löwenzahn, ein weißes Blatt Papier, grüne und gelbe Fingerfarbe, Pinsel, eine Kuchengabel

Den Löwenzahn mit seinen gelben Blüten kann man nicht nur auf Wiesen finden, der kleine Überlebenskünstler sucht sich überall einen Platz. Schauen Sie doch mal, wenn Sie mit den Kindern unterwegs sind, wo er sich überall finden lässt. Das kann ganz schön spannend sein, denn diese starken Winzlinge quetschen sich sogar durch Asphalt und Mauerritzen. Mit den Blüten lassen sich auch tolle Kunstwerke gestalten.

Laden Sie die Kinder ein, einen Löwenzahn genauer zu betrachten. Das kann auf einer Wiese direkt passieren oder die Kinder bringen eine einzelne Pflanze mit in den Kreis. Schauen Sie sich die Blüten, die Blätter und den Stängel gemeinsam genau an.

Danach malen die Kinder mit grüner Farbe und einem Pinsel den Stängel und die Blätter des Löwenzahns. Jetzt kommt die Gabel ins Spiel: Sie wird mit etwas gelber Farbe bestrichen und dann stempeln die Kinder mit den Zinken der Gabel immer wieder im Kreis, bis die typische zackige Blütenform des Löwenzahns entsteht.

Löwenzahn

Der Löwenzahn ist auch als Butterblume oder Kuhblume bekannt. Er ist eine mehrjährige Pflanze. Die Blüten des Löwenzahns blühen für gewöhnlich zwischen Anfang April bis Anfang Juli.
Die Blume erreicht Wuchshöhen zwischen 15 und 45 cm. Sowohl die Stängel als auch die Leitgefäße der Blätter enthalten den charakteristischen Milchsaft.
Zwischen 200 und 300 einzelne gelbe Zungenblüten bilden eine sogenannte Scheinblüte. Wenn diese Zungenblüten verblüht sind, entwickeln sie sich zu den weißen Fallschirmchen, an deren Ende die Samen sitzen, genannt Achänenfrüchte. Mithilfe ihres Schirmchens können sich die länglichen Samen problemlos mit dem Wind ausbreiten.
Da die Flugschirme sich leicht durch Pusten vom Blütenkopf lösen lassen, nennt man diesen Zustand des Löwenzahns auch Pusteblume.

15 Pusteblumen-Samen-Bild

KREATIVAKTION

ALTER ab 4 Jahren

ZIELE Feinmotorik

MATERIAL blaues Papier, weiße Fingerfarbe, Borstenpinsel, schwarzer Filzstift

Mit diesem lustigen Trick malen die Kinder tolle Pusteblumen.

Die Kinder geben einen Tropfen der weißen Farbe aufs Papier. Mit dem Borstenpinsel die Farbe nach außen ziehen. Dies sechs- bis achtmal wiederholen. Nach dem Trocknen mit dem schwarzen Stift die Stiele anmalen.

16 So schmeckt die Wiese!

BACKEN UND KOCHEN

ALTER ab 3 Jahren

ZIELE hauswirtschaftliches Tun

MATERIAL

Für den Salat 200 g frische Löwenzahnblätter, Salatdressing nach Wahl

Für die Butter 15 Blätter, 250 g Butter, 2 Prisen Salz, ½ TL Zucker

Sammeln Sie gemeinsam mit den Kindern frische, junge Löwenzahnblätter. Die Kinder werden staunen, welche leckeren Gerichte sich daraus zaubern lassen.

Salat

Die Blätter zum Reinigen für kurze Zeit in Salzwasser legen. Für den Salat die Blätter etwas zerkleinern und mit einem beliebigen Salatdressing mischen. Der Salat sollte nun etwa 30 Minuten ziehen, damit die Blättchen etwas weicher werden.

Was kann man vom Löwenzahn essen?

Löwenzahn ist gesund und er enthält um ein Vielfaches mehr Vitamin A und C als ein gewöhnlicher Kopfsalat. Zudem wird ihm eine blutreinigende und harntreibende Wirkung nachgesagt. Er regt die Verdauung an und hilft bei Blähungen.
Neben den Blättern können auch Blüten und Wurzel in der Küche verwendet werden. Lediglich die Stängel und die weiße Milch, die aus ihnen austritt, sollte man nicht verzehren. Allerdings eignen sich nur die ganz jungen, hellgrünen Blättchen und ganz frische Knospen für den Menüzettel. Beim Sammeln sollte man zudem darauf achten, dass die Pflanzen von einer ungedüngten, unbehandelten Wiese ohne Tierkot stammen!

Butter

Die Löwenzahnblätter reinigen und in der Salatschleuder trocken schleudern. Anschließend klein hacken. Die gehackten Löwenzahnblätter unter die weiche Butter mischen. Salz und Zucker dazugeben und alles gut vermischen. Im Kühlschrank wieder kalt werden und aushärten lassen. Die Butter auf das Brot streichen und gemeinsam mit dem Salat essen.

TIPP Der Löwenzahn kann auch unter Frischkäse gemischt werden.

17 Schafgarben-Kunst

NATURWISSEN MIT KREATIVAKTION

ALTER ab 3 Jahren

ZIELE Pflanzenwissen, Feinmotorik

MATERIAL ein blaues DIN-A4-Blatt, Pinsel, weiße und grüne Fingerfarbe, Spülbürste, Pappteller, Schafgarbe (entweder ein Bild oder eine echte Pflanze)

Die Schafgarbe ist eine Pflanze, die ab dem Sommer auf Wiesen sehr häufig wächst. Die kleinen Blüten ragen über viele andere Wiesenblumen hinaus und duften aromatisch. In dieser Kreativaktion malen die Kinder die Schafgarbe und behelfen sich dabei mit einem spannenden Trick.

Kommen Sie mit den Kindern an einem Tisch zusammen und stellen Sie die echte Schafgarbe oder das Bild dazu. Die Kinder können die Pflanze nach Lust und Laune untersuchen, betasten und beschnuppern. Wissen die Kinder den Namen der Pflanze und wozu man sie in der Naturheilkunde benutzt?

Teilen Sie an die Kinder das blaue Papier aus, das die Kinder hochkant legen. Füllen Sie etwas weiße Farbe auf einen Pappteller. Die Kinder drücken die Spülbürste in die Farbe und stempeln damit 3–4 Schafgarbenblüten auf ihr Blatt. Danach mit einem Pinsel und der grünen Farbe den Stängel malen. Die Kinder können sich beim Stempeln und Malen an der Originalpflanze orientieren.

18 Wiesenpüppchen aus Grashalmen

KREATIVAKTION

ALTER ab 3 Jahren

ZIELE Feinmotorik, Fantasie

MATERIAL lange Grashalme, Schere, Bindfaden, Gummibänder oder Wolle, Filz, Filzstifte, Klebstoff, Lineal

Diese Wiesenpüppchen aus Gras laden die Kinder zum Spielen ein. Sie sind ganz schnell gemacht und sehen auch als Dekoration auf Jahreszeitentischen oder auf Ihrem Projekttisch super aus. Und sie duften nach Wiese!

Gehen Sie mit den Kindern auf eine Wiese, schneiden Sie dort gemeinsam lange Grashalme mit der Schere ab.

Die Kinder legen sich die Gräser zu einem etwa 3–4 Zentimeter dicken Büschel zurecht. Kürzen Sie es auf ca. 25 Zentimeter, und zwar so, dass die Gräser alle gleich lang sind. Die Kinder wickeln im Abstand von etwa 3 Zentimetern vom oberen Ende aus gesehen ein Stück Wolle oder ein Gummiband fest um das Grasbüschel. Jetzt steht das obere Ende als Büschel (Haare) hoch. Einen weiteren Wollfaden binden sie etwas weiter unten um das Büschel, dort, wo der Kopf enden soll.

Teilen Sie unterhalb des Kopfes rechts und links die Arme ab, lassen aber etwas über die Hälfte des Grases für den Bauch stehen. Schneiden Sie sie auf „Armlänge" zurecht und die Kinder umwickeln die Enden ebenfalls mit einem Band.

Wickeln Sie gemeinsam dem Püppchen Wolle um den Bauch, teilen Sie die Beine unterhalb des Bauches ab und umwickeln die Enden ebenfalls wieder mit Wolle. Die Kinder malen Augen und Münder mit Filzstift auf.

Gänseblümchen und Margeriten

Die Margeriten und Gänseblümchen gehören zu den Blumen, die wir sehr häufig auf Wiesen finden können. Beide wachsen gerne dort, wo es sonnig ist. Ab dem Frühling können Sie die robusten anspruchslosen Blumen dort sehen.
Die Blüten sind sich auf den ersten Blick ziemlich ähnlich. Margeriten sind allerdings viel größer, haben einen langen Stiel und ihre Blätter sind zackenförmig. Das Gänseblümchen ist viel kleiner, es hat einen Stiel, der aus einer Blattrosette wächst, und die Blätter sind am Rand glatt.
Die Blüten der Margerite haben einen Durchmesser von vier bis sechs Zentimetern. Die des Gänseblümchens sind kleiner. Wegen seiner Ähnlichkeit zu seiner großen Schwester heißt das Gänseblümchen in der Schweiz auch „Margerittli“.

19 Gänseblümchen oder Margerite

SACHGESPRÄCH MIT KREATIVAKTION

ALTER ab 4 Jahren

ZIELE Naturwissen, visuelle Wahrnehmung

MATERIAL Kopiervorlage „Gänseblümchen“, Kopiervorlage „Margerite“, Bild Gänseblümchen und Margerite, weißes, gelbes und grünes Papier, Schere, Kleber

Die Unterscheidung zwischen Margeriten und Gänseblümchen ist aufgrund der sehr ähnlichen Blüten für Kinder nicht einfach. Erarbeiten Sie mit den Kindern die Unterschiede.

Übertragen Sie die Vorlagen auf das farblich jeweils passende Papier, damit Sie im Anschluss an das Sachgespräch die Margerite und das Gänseblümchen gemeinsam mit den Kindern herstellen können.

Betrachten Sie im Sitzkreis die beiden Blumen. Dazu legen Sie zuerst das Bild des Gänseblümchens vor die Kinder, besprechen Sie, um welche Pflanze es sich handelt und wo die Kinder sie schon einmal gesehen haben.
Legen Sie nun das zweite Bild mit der Margerite dazu. Gehen Sie erst auf die Gemeinsamkeiten ein. Auch diese Pflanze wächst auf einer Wiese, genau wie das Gänseblümchen. Die Blüte hat weiße Blätter mit einem gelben Punkt. Das sind schon die Gemeinsamkeiten.
Die Kinder erfahren jetzt den Namen der zweiten Blume. Wie unterscheiden sich die beiden Arten?

- Der erste Punkt ist die Höhe der Pflanzen. Margeriten erreichen eine Höhe von bis zu 80 Zentimetern, Gänseblümchen bis zu 15 Zentimetern.
- Ein weiterer Unterschied ist die Anordnung der Laubblätter. Die Blätter des Gänseblümchens wachsen als bodenständige Rosette. Die Margeritenblätter hingegen sind wechselständig am Stängel angeordnet.
- Die Blüte eines Gänseblümchens wächst an einem blattlosen Stängel.
- Die Form der Blätter ist ähnlich, das Blatt der Margeriten ist jedoch gezahnt. Das Gänseblümchenblatt ist glatt.
- Das Gänseblümchen blüht je nach Region schon ab Februar/März, die Margerite erst ab Juni.

Das sind die wesentlichen Unterscheidungen, die den Kindern bei der Unterscheidung und dem Einprägen der Pflanzennamen helfen können.

Nun können sich die Kinder jeweils eine Margerite und ein Gänseblümchen gestalten. Dafür erhält jedes Kind jeweils eine von Ihnen bereitgestellte Kopiervorlage „Gänseblümchen“ sowie „Margerite“. Die Kinder übertragen die Vorlagen nun auf das weiße, gelbe und grüne Papier und schneiden die Einzelteile anschließend aus. Die einzelnen Elemente der beiden Blumen werden nun auf ein Blatt Papier geklebt. Wenn Sie mögen, können Sie nun gemeinsam die Bilder an einer Wand sammeln und so eine Gänseblümchen-Margeriten-Wiesenwand erstellen.

20 Wiesenklee-Glücksbringer

KREATIVAKTION

ALTER ab 5 Jahren

ZIELE Feinmotorik

MATERIAL Kopiervorlage „Kleeblatt“, Moosgummi in Grün, Gummiband, zwei Perlen, Schere und dicke Nadel, Bild von drei- und vierblättrigem Kleeblatt

Der Wiesenklee oder auch Rotklee ist im Sommer eine der am häufigsten aufzufindenden Pflanzen auf der Wiese. Meistens hat der Klee drei Blätter, das Vierblatt kommt nur ganz selten vor. Ob deshalb ein vierblättriges Kleeblatt als Glücksbringer gilt? Mit diesem Kleeblatt-Armband können die Kinder ihrem Glück ein bisschen auf die Sprünge helfen.

Zeigen Sie den Kindern die Kopiervorlage vom Kleeblatt. Wenn vorhanden, legen Sie auch ein echtes dreiblättriges Kleeblatt von der Wiese dazu. Kennen die Kinder diese Pflanze? Welche Tiere haben sie vielleicht schon an oder auf dem Klee gesehen? Was könnte das bedeuten? Richtig, Klee ist sehr wichtig für die Tiere, etwa für Fluginsekten, weil die Blüten viel Nektar enthalten. Legen Sie nun noch die Kopiervorlage mit dem vierblättrigen Blatt dazu. Können die Kinder die Blätter zählen? So ein vierblättriges Kleeblatt ist ganz selten und nur schwer zu finden. Das vierblättrige Kleeblatt gilt daher als Glücksymbol gilt.

Was ist ein Glücksymbol? Ein Glückssymbol ist etwas, das man trägt oder bei sich trägt und das Glück, Gesundheit und ein langes Leben bringen soll. So ein Symbol trägt man vielleicht als Armband oder auch als Halskette oder man findet es auf Glückwunschkarten.
Wer von den Kindern möchte, darf sich nun einen Glücksbringer herstellen. Dafür die Vorlage auf Moosgummi übertragen, die Kinder schneiden sich dann ihr Kleeblatt aus.
Schneiden Sie das Gummiband auf eine Länge von ca. 25 Zentimetern zu. Dem Kleeblatt gegenüberliegend in den Vertiefungen jeweils ein Loch machen. Das Gummiband durchfädeln, damit das Kleeblatt in der Mitte ist. Von unten das Band mit Kleber am Blatt fixieren. Rechts und links des Blattes eine Perle auffädeln und mit einem Knoten sichern. Die Länge des Gummibandes kann nun individuell am Handgelenk der Kinder angepasst werden.

TIPP Bei einem der nächsten Wiesenbesuche können Sie die Kinder auf das vierblättrige Kleeblatt hinweisen, vielleicht finden die Kinder ja eines?

Roter Wiesenklee

Der Rote Wiesenklee ist eine krautige Pflanze und gehört in der Botanik zur großen Familie der Schmetterlingsblütler. Das kann man in diesem Fall wörtlich nehmen. Viele Schmetterlinge nutzen ihn als Raupenpflanze und besuchen ihn als Nektarquelle. Er wächst fast überall und wird auch als Futterpflanze angebaut. Für Wildbienen und Honigbienen ist er eine wichtige Nektarpflanze. Er blüht von April bis Oktober und hat kugelige Blütenstände.

4

WAS KRIBBELT UND KRABBELT AUF DER WIESE?

Die Wiese steckt voller Leben. Unzählige kleine und große Tiere wohnen hier: Die Kinder müssen sich nur auf die Augenhöhe des Wiesenbodens begeben und schon können sie viele Insekten und Gliederfüßler entdecken.

21 Unsere Wiesentier-Wand

EXKURSION

ALTER ab 4 Jahren

ZIELE visuelle Wahrnehmung, Aufmerksamkeit, Naturwissen

MATERIAL Kopiervorlage „Mein Wiesentier", Lupen, Becherlupen, Pinsel, Bestimmungsbuch, Stifte, Fotoapparat

Dieses Angebot lässt sich von Frühling bis Herbst durchführen, denn in dieser Zeit finden sich auf einer Wiese die meisten Tiere.

Besuchen Sie mit den Kindern eine Wiese. Jedes Kind sucht sich dort eine Stelle, die es genauer unter die Lupe nehmen möchte. Die Kinder können sich dazu hinknien und vorsichtig Blüten, Blätter und Stängel der Pflanzen sowie den Erdboden nach Tieren absuchen. Mithilfe des Pinsels können die Kinder vorsichtig versuchen, ein Tier in die Becherlupe zu bekommen. Dieses Tierchen können sie nun in Ruhe betrachten. Bei der Bestimmung kann ihnen ein Naturführer oder ein Sachbuch helfen. Bevor Sie mit den Kindern ins Buch schauen, können die Kinder folgende Fragen beantworten: Wie viele Beine hat das Tier? Hat es einen Panzer? Welche Farbe hat es?
Wenn möglich, fotografieren Sie die Tiere.

Zurück in der Einrichtung erstellen Sie eine Collage mit den ausgedruckten Fotos und benennen die Tiere ein weiteres Mal. Sie können auch einfach alle Tierchen-Fotos kunterbunt an einer Wand aufhängen, die Sie für dieses Projekt zu Ihrer „Wiesenwand" machen. So können die Kinder immer weitere Fundstücke auf der Wand ergänzen (Fotos von Tieren oder Pflanzen). Beim nächsten Wiesenbesuch werden die Kinder einige der Krabbeltiere schon von alleine erkennen. Notieren Sie Fundort, Namen und Eigenschaften dazu.

TIPP Anschließend kann jedes Kind je nach Lust und Laune das Portfolioblatt „Mein Wiesentier" mit Ihnen zusammen bearbeiten und sein Tier malen.

Schnecken

Schnecken sind Tiere ohne Skelett und gehören somit zu den Weichtieren. Sie sind in Nackt- und Gehäuseschnecken zu unterscheiden.
Die **Gehäuseschnecke** besitzt ein spiralförmig angelegtes spitzes oder rundes Haus aus Kalk, das sie immer mit sich herumträgt. Schnecken ziehen sich in ihr Gehäuse zurück, das sie mit einem Kalkdeckel verschließen, um bestimmte Witterungsverhältnisse zu überdauern.
Nacktschnecken sind darauf angewiesen, in der Erde, im Sand oder in Verstecken Schutz zu suchen. Vor allem wenn es im Sommer trocken und heiß ist, bedeutet das für Schnecken Lebensgefahr. Jetzt legen sie häufig eine Art kurzen „Sommerschlaf" ein, bis wieder Regen fällt.

22 Die Schnecke

TIERBEOBACHTUNG

ALTER ab 3 Jahren

ZIELE Naturwissen

MATERIAL Schnecke, Papier, Stifte, Fotoapparat, Drucker, Plakat DIN A2, Lineal, Apfelstücke, 2–4 durchsichtige Gefäße

Schnecken in der freien Natur zu beobachten, ist spannend und für die Kinder bestimmt noch neu. Hier finden die Kinder durch das Beobachten der Tiere viele neue Fakten über die kleinen Kriechtiere heraus.

Gehen Sie mit den Kindern auf einem Spaziergang gezielt auf Schneckensuche. Alternativ lassen sich Schnecken auch über Nacht anlocken. Einfach in ein Einmachglas ein Stück Apfel legen und dieses auf einer Wiese deponieren. Am nächsten Tag hat sich bestimmt eine oder mehrere Schnecken von dem Duft anlocken lassen.

Wichtig vor Beginn der Schneckenbeobachtung ist es, dass die Kinder wissen, dass Schnecken lebendige Tiere sind und mit Sorgfalt und Vorsicht behandelt werden müssen.

1. Wie groß sind die Schnecken?
Die Kinder messen mit einem Lineal, wie lang eine Schnecke ist.

2. Kann eine Schnecke bergauf kriechen?
Toll, wenn die Kinder die Schnecke beim Bergaufkriechen beobachten können – vielleicht wieder mit Apfelbestechung. Dabei können sie herausfinden: Schnecken können sehr gut bergauf kriechen, sie können sogar Grashalme und Baumstämme hinaufkriechen.

3. Kann die Schnecke besser riechen oder sehen?
Zwei Gläser, in jedem ein Stück Apfel, werden in gleichen Abständen von einer Schnecke aufgestellt. Eines ist verschlossen, eines geöffnet. Da Schnecken besser riechen als sehen können, wird das Tierchen sicher zum geöffneten Glas kriechen.

4. Mag es die Schnecke feucht oder trocken?
Die Kinder feuchten vor einer im Garten oder Beet kriechenden Schnecke den Boden auf einer Seite an, auf der anderen streuen sie trockene Erde aus. Wohin wird die Schnecke wohl kriechen? Schnecken lieben es feucht, denn dann besteht für sie nicht die Gefahr, auszutrocknen. Sicherlich wird die Schnecke darum in Richtung feuchte Erde weiterkriechen.

Machen Sie zu den verschiedenen Versuchen Fotos – auch von den Schnecken.

Zurück in der Einrichtung drucken Sie die Fotos aus und gestalten mit den Kindern ein Wissensplakat. Dabei helfen Ihnen folgende Fragen, die Sie gemeinsam mit den Kindern beantworten können:

- Welchen Boden lieben die Schnecken? – Feuchten Boden.
- Was fressen Schnecken? – Pflanzenteile, Salat und Kohl.
- Welche Feinde haben Schnecken? – Frösche, Salamander, Schildkröten, Mäuse, Eichhörnchen, Vögel, Igel und Menschen.
- Wie groß sind Schnecken? – Gehäuseschnecken werden ca. 2–5 Zentimeter groß, Nacktschnecken erreichen eine Größe von ca. 1–15 cm.
- Hat die Schnecke Augen? – Die Schnecken besitzen zwei Fühlerpaare. Ein oberes Paar mit Augen, womit sie aber schlecht sehen. Und ein unteres Paar als Sinnestaster zum Zurechtfinden.
- Hat die Schnecke eine Zunge? – Die Schnecken besitzen eine sehr raue Raspelzunge, die aus vielen Tausend Zähnchen besteht. Damit wird die Nahrung geraspelt. Die Schnecke beißt auch mit dem hornigen Oberkiefer richtige Stücke ab und zerkleinert sie im Mund.
- Warum sind Schnecken oft so schleimig? – Der Schneckenschleim schützt vor Verletzungen und erleichtert das Kriechen.

23 Mein buntes Schneckenkunstwerk

KREATIVAKTION

ALTER ab 2 Jahren

ZIELE Fantasie, Kreativität, Feinmotorik

MATERIAL Schneckenhaus oder Bild einer Gehäuseschnecke, Pappteller, Fingermalfarbe in allen Farben, Pinsel, Bleistift, Schere, Kleber, hautfarbener Tonkarton, brauner Biegeplüsch, Farbstifte, rotes Seidenpapier

Eine tolle Bastelidee für die kleineren Kinder sind bunte Schnecken aus Papptellern.

Die Kinder bemalen einen weißen Pappteller mit den Fingerfarben als buntes Schneckenhaus. Dazu können sie den Teller nach eigenen Ideen anmalen und dabei überlegen, wie ein Schneckenhaus aussieht. Auch möglich: Die Pinselstriche kreis- oder spiralförmig anordnen. Legen Sie ein echtes Schneckenhaus oder ein Bild von diesem daneben!
Die Farbe nun trocknen lassen.
Auf den hautfarbenen Tonkarton den Schneckenkörper aufmalen, hier hat er eine Größe von ca. 25 Zentimetern Länge und 5 Zentimetern Breite. Den Körper ausschneiden und danach mit einem Farbstift die Augen und den Mund aufmalen. Die Nase haben die Kinder hier aus einem Stück zusammengeknülltem rotem Seidenpapier hergestellt und auf das Schneckengesicht aufgeklebt.
Zum Schluss werden die Fühler, die aus einem jeweils 10 Zentimeter langen Stück braunem Biegeplüsch geformt sind, am Kopf der Schnecke angebracht. Den Teller am Körper festkleben und schon ist die tolle Pappteller-Schnecke fertig.

24 Immer schön langsam!

PARTNERMASSAGE IN REIMEN

ALTER ab 3 Jahren

ZIELE Rücksichtnahme, Motorik

MATERIAL weiche Unterlage

Mit dieser kleinen Reimgeschichte können Sie den Kindern etwas Gutes tun, denn passend zum Erzählten können sie sich paarweise massieren und entspannen.

Kommen Sie mit den Kindern zu einem Kreis zusammen und erzählen ihnen von einer kleinen Schnecke, die sie heute massieren will.
Jedes Kind sucht sich einen Partner. Eines darf sich eine Unterlage nehmen und auf den Bauch legen. Das andere Kind kniet daneben. Lesen Sie die Geschichte vor und machen die Bewegungen mit, damit die massierenden Kinder wissen, wie sie massieren können. Achten Sie darauf, dass die Kinder die Massagebewegungen sanft ausführen und sie so anpassen, dass es für das massierte Kind angenehm ist. Nach einem Durchgang können die Kinder nach Wunsch die Rollen wechseln.

Geschichte

Auf deinem Rücken, dort in der Ecke,
da schläft die kleine Schnecke.
Eine Spirale auf den Rücken malen.

Nun wacht sie auf, streckt die Fühler aus,
gähnt und kriecht aus ihrem Haus.
Den ganzen Rücken vom Haaransatz bis zur Hüfte hinabstreichen.

Sie dreht sich um,
kriecht rundherum.
Kreise fahren und eine liegende Acht zeichnen.

Sie kriecht von links nach rechts und quer,
denn sie mag das einfach sehr.
Über die ganze Breite des Rückens fahren.

Sie denkt sich:
„Bei dem Wetter
ist's zu Hause viel netter!"
Und ganz langsam, Stück für Stück,
kriecht sie jetzt nach Haus zurück.
Wieder zur Mitte des Rückens zurückkehren.

Sie kuschelt sich in ihrem Bett zur Ruh
und sperrt das Schneckenhäuschen zu.
Eine Spirale auf den Rücken malen und mit Drehbewegungen zusperren.

Jetzt wird gewechselt und die Geschichte wird wiederholt.

25 Kleiner Grashüpfer, hüpf!

BEWEGUNGSAKTION

ALTER ab 2 Jahren
ZIELE Hand-Auge-Koordination, Freude am Spiel
MATERIAL Schwungtuch, 1–4 Tennisbälle, grüne Farbe, Pinsel

Dieses Bewegungsspiel braucht keine große Vorbereitung und begeistert schon die Jüngsten in der Gruppe.

Bemalen Sie mit den Kindern die Tennisbälle mit grüner Farbe und lassen Sie diese trocknen. Diese Malaktion ist zwar nicht unbedingt notwendig, aber für die Kinder ist es ein Spaß, wenn die Tennisbälle wirklich an grüne Grashüpfer erinnern.

Der Grashüpfer

Der Grashüpfer gehört zur Familie der Heuschrecken und kommt bei uns in Feld und Wiesen vor. Die Färbung des Grashüpfers ist sehr variabel und kann sowohl einfarbig als auch mehrfarbig sein. Zumeist sind Grashüpfer grün, braun oder grau und besitzen kurze Fühler. Während beim Männchen die Flügel fast bis zur Hinterleibsspitze gehen, enden diese beim Weibchen an der Mitte des Hinterleibs. Grashüpfer sind zwischen 1–2,5 cm groß und sind meist in mäßig trockenem bis mäßig feuchtem offenen Gelände zu finden. Sie ernähren sich zumeist von Pflanzen, einige Arten allerdings auch von kleinen Insekten. Der Grashüpfer macht Zirplaute und weite Sprünge mit seinen langen Hinterbeinen.

Legen Sie das Schwungtuch in der Mitte aus und die Kinder versammeln sich um dieses Tuch. Alle greifen mit zwei Händen das Tuch und heben es hoch. Wer möchte einen Grashüpfer (einen Tennisball) in die Mitte setzen? Der Grashüpfer würde nämlich so gern auf dem Tuch herumhüpfen. Ein Kind aus der Gruppe kann nun loslassen und einen der angemalten Tennisbälle auf das Tuch werfen oder legen. Führen Sie nun mit den Kindern verschiedene Schwünge mit dem Tuch aus. Dabei müssen alle darauf achten, dass der Grashüpfer nicht vom Tuch hüpft. Die Kinder müssen, wenn der Ball auf sie zukommt, ganz schnell das Tuch nach oben halten. Lassen Sie oder ein anderes Kind aus der Gruppe immer mehr Grashüpfer in das Tuch purzeln, dadurch wird es immer schwieriger, die Bälle im Tuch zu halten.
Spielen Sie so lange weiter, wie die Kinder Freude am Spiel haben.

TIPP Falls das Schwungtuch für die jüngeren Kinder noch zu groß und schwer zum Halten ist, verwenden Sie für den U3-Bereich einfach ein Leintuch oder eine Tischdecke.

26 Grashüpfer-Werkstatt

KREATIVAKTION

ALTER ab 4 Jahren

ZIELE Feinmotorik, Kreativität

MATERIAL Kopiervorlage „Grashüpfer“, Bild von einem Grashüpfer, Schere, Kleber, Tonkarton in Dunkel- und Hellgrün, Tonpapier in Weiß, schwarzer Stift, Bleistift

Wer hüpft denn da mit großen Sprüngen über die Wiese? Bei dieser kleinen Kreativaktion wird den Kindern verdeutlicht, warum dieses Insekt ein wahrer Weitsprung-Meister ist.

Übertragen Sie die Vorlage von Kopf, Armen und Körper auf den dunkelgrünen Tonkarton. Flügel, Fühler und Blatt auf den hellgrünen Tonkarton.

Laden Sie die Kinder ein, den Grashüpfer zu basteln. Betrachten Sie vorher mit den Kindern das Bild eines Grashüpfers, um die Kinder mit dem Tierchen vertraut zu machen. Gehen Sie auf das Aussehen und die Lebensweise ein. Anschließend schneiden die Kinder die Einzelteile aus und kleben diese nach der Vorlage zusammen. Aus weißem Papier die Augen ausschneiden. Mit einem schwarzen Stift können die Kinder die Pupillen in die Augen malen und den Mund und die Konturen am Blatt und Körper anzeichnen.

Ameisen

Ameisen leben in sogenannten Staaten zusammen. Einen solchen Staat können bis zu 20 Millionen Tiere bilden. Sie können bis zu einem Zentimeter groß werden, bestehen aus drei Gliedern und haben beißende Mundwerkzeuge sowie zwei „Antennen". Ameisen ernähren sich von Insekten und Spinnen, aber auch von Honigtau und Pflanzen. Ameisennester können sich im Boden, unter Steinen, in Holz, in Pflanzen, zwischen Blättern, in Gebäuden und an vielen anderen Stellen befinden. In einem Ameisennest leben eine oder mehrere Königinnen und sehr viele Arbeiterinnen. Die sogenannten Soldaten sind u. a. dafür zuständig, große Nahrungsbrocken zu zerkleinern.

27 Fred macht blau

KLANGGESCHICHTE

ALTER ab 3 Jahren

ZIELE musikalische Erfahrungen, Sprachgefühl, Konzentration

MATERIAL Klanghölzer, Handtrommel, Triangel, Schellenkranz, Rassel

Einfach mal Urlaub machen und was Neues sehen: Echte Ameisen in der freien Natur machen das wahrscheinlich nie, aber Fred aus dieser Geschichte ist eine besonders neugierige Ameise und so macht er sich auf den Weg, um die Tiere kennenzulernen, die noch auf der Wiese leben. Die Kinder können die Geschichte mit Klängen nacherzählen.

Lesen Sie den Kindern die Geschichte von der kleinen Ameise vor. Gefällt den Kindern die Geschichte? Möchten sie die Tiere darin mit Musikinstrumenten nachstellen? Holen Sie die Instrumente in die Kreismitte. Ausgehend von den Erfahrungen, die die Kinder mit Instrumenten haben, können die Kinder sie zunächst ausprobieren und dann den Tieren in der Geschichte zuordnen.

Fred – Holzblocktrommel
Franz – Schellenkranz
Frau Grille – Rassel
Schnecke Horst – Trommel
Schmetterling Susi – Triangel
Waldameisen – Klanghölzer (Die Waldameisen können mehrfach besetzt werden.)

Die genannten Zuordnungen der Instrumente sind nur Vorschläge, diese können ausgetauscht oder durch andere Instrumente oder auch durch selbst gemachte (Körper-)Geräusche ersetzt werden.

Lesen Sie den Kindern die Geschichte noch einmal vor und die Kinder spielen an den passenden Stellen ihr Instrument. Um den Einsatz der Instrumente an den passenden Stellen zu gewährleisten, hat sich der Blickkontakt zu den Kindern bewährt.

Geschichte

Die kleine Ameise **Fred** ist eine **Wiesenameise** und lebt mit vielen anderen **Wiesenameisen** zusammen. An einem wunderschönen Sonnentag möchte **Fred** einmal nicht arbeiten, wie es bei den **Wiesenameisen** üblich ist. Denn jeden Tag arbeiten **Wiesenameisen** von früh bis spät. Doch **Fred** möchte an diesem Tag einmal faulenzen und er ist auch neugierig, was es noch so auf der Wiese zu entdecken gibt. So marschiert **Fred** los.
Unterwegs knabbert **Fred** an verschiedenen Gräsern. Er möchte einfach nur mal ausprobieren, was ihm schmeckt, und nicht nur das essen, was die anderen **Wiesenameisen** mitbringen.
Dabei schaut sich **Fred** kauend um und entdeckt einen Regenwurm, den **Franz**.
Franz kriecht langsam über den Boden auf der Suche nach einem leckeren Frühstück.
„Hey du, probier doch mal das leckere Gras“, ruft ihm **Fred** zu.
Franz schaut ihn an und sagt: „Nein, danke.“
„Warum nicht? Dieses Gras ist so saftig und lecker“, fordert **Fred** den Regenwurm **Franz** noch einmal auf, mit ihm zu essen.
„Nein, ich bin auf der Suche nach leckeren Erdklümpchen, die esse ich am liebsten zum Frühstück“, antwortet **Franz**.

„Kann ich mitkommen? Ich habe noch nie Erdklümpchen gegessen, bei uns **Wiesenameisen** gibt es so etwas nicht", bettelt **Fred**.
So kriecht **Franz** voran und **Fred** krabbelt hinterher. Da hören sie ein wunderschönes Zirpen.
„Was ist denn das?", fragt **Fred**.
„Das ist **Frau Grille**, die stimmt ihr Morgenlied an, willst du sie mal begrüßen?", antwortet **Franz**.
So stehen **Fred** und **Franz** vor **Frau Grille** und lauschen ihrem Morgenlied.
„So ein schönes Lied habe ich noch nie gehört, das gibt es bei uns **Wiesenameisen** nicht", sagt **Fred** zu **Frau Grille**.
Daraufhin nickt **Frau Grille** nur und singt weiter ihr Morgenlied.
Franz und **Fred** lauschen noch kurz, dann setzen sie ihren Weg fort. Doch bald müssen sie ganz langsam gehen, denn vor ihnen läuft die **Schnecke Horst.**
„Hey, **Schnecke Horst**, kannst du nicht mal zur Seite gehen? Wir haben Hunger und wollen deshalb schnell weiter", ruft **Franz** nach vorne.
Die **Schnecke Horst** dreht ganz langsam den Kopf: „Jetzt aber mal langsam, denn nur wer langsam geht, kann diesen schönen Tag genießen", sagt **Schnecke Horst** zu den beiden. Er spricht dabei so langsam, dass **Fred** und **Franz** fast die Augen zufallen.
„**Schnecke Horst**, jetzt mach uns Platz, sei so nett", bittet sie **Franz** noch einmal.
Und tatsächlich, die **Schnecke Horst** bewegt sich zur Seite, aber sehr gemütlich und sehr langsam.
„So etwas Langsames wie die **Schnecke Horst**, das gibt es bei uns **Wiesenameisen** nicht", sagt **Fred**.
Als **Franz** und **Fred** endlich Platz haben, flitzen sie an der **Schnecke Horst** vorbei. Da hören sie ein saugendes Geräusch und als sie nach oben schauen, sehen sie den wunderschönen bunten **Schmetterling Susi**.
Schmetterling Susi ist gerade dabei, den leckeren Honignektar aus einer Glockenblume zu schlürfen.
„Hey, **Schmetterling Susi**, warum schlürfst du so laut?", fragt **Franz**.
„Das ist der beste und leckerste Nektar, den ich je in meinem Leben getrunken habe, den solltet ihr auch mal probieren", antwortet **Schmetterling Susi**.
„Ich habe noch nie Nektar getrunken", sagt **Fred** und auch **Franz** schüttelt den Kopf, was bedeuten soll, dass auch er noch nie Nektar probiert hat.
„Na, dann kommt doch rauf zu mir", fordert **Schmetterling Susi** die beiden auf.
Das lassen sich Fred und **Franz** nicht zweimal sagen und **Fred** krabbelt und **Franz** kriecht den Blumenstängel hinauf. Beide stecken ihre Köpfe in die Blüte und schlecken den Honignektar.
Dabei machen **Fred** und **Franz** die gleichen Geräusche wie vorher **Schmetterling Susi**.
Als **Schmetterling Susi** das hört, fängt sie an zu lachen und stellt fest: „Ihr seid auch nicht leiser als ich."
Fred und **Franz** stimmen in ihr Lachen mit ein und beide finden wie **Schmetterling Susi** vorher, dass es das beste Frühstück aller Zeiten ist.
Als **Franz** und **Fred** wieder auf dem Boden stehen, bedanken sie sich bei **Schmetterling Susi** für den Tipp mit dem Nektar. Für beide ist es jetzt an der Zeit, wieder nach Hause zu gehen. So verabschiedet sich **Fred** von **Franz** und krabbelt zurück zum Zuhause der **Wiesenameisen**, um ihnen vom leckeren Blütennektar zu erzählen.
Franz kriecht gemütlich davon und ruft **Fred** noch zu: „Bis zum nächsten Mal."

28 Meine 3-D-Riesen-Ameise

KREATIVAKTION

ALTER ab 4 Jahren

ZIELE Feinmotorik, Fantasie

MATERIAL Bild von einer Ameise, drei Puschelbälle oder Styroporkugeln im Durchmesser von 2–3 Zentimeter pro Kind, schwarze Fingerfarbe, Pinsel, Draht, Wackelaugen 0,5–0,8 Zentimeter, Schere, Kleber

Ameisen bestehen aus einem dreigliedrigen Körper, dieser Körper lässt sich gut mit drei Kugeln nachbilden. Und genau das probieren die Kinder hier aus, um hinterher ihre eigene Riesenameise zu erhalten.

Betrachten Sie mit den Kindern Abbildungen von Ameisen oder betrachten diese in der echten Natur. Können die Kinder erkennen, wie viele und welche Körperteile Ameisen haben? Genau: Sie bestehen aus Kopf, Brust und Hinterleib. Im Brustbereich setzen die insgesamt sechs Beine an. Am Kopf befinden sich zwei Fühler, die Antennen genannt werden, weil die Ameisen sich damit orientieren können.
Für eine Riesenameise malt jedes Kind drei Kugeln in schwarzer Farbe an. Nach dem Trocknen werden die Kugeln in einer Reihe aneinandergeklebt. Dazu vom Draht vier lange Stücke (etwa 7–10 cm) abschneiden. Der Draht lässt sich einfach durch beide Ballsorten durchschieben. Ein Stück oben am Kopf als Fühler, zwei Stücke im mittleren Ball und ein Drahtstück am hinteren Ball durchschieben. Alles etwas verbiegen, sodass die Ameise stehen kann. Zum Schluss vorne am Kopf noch die beiden Wackelaugen ankleben.

5

WAS FLIEGT DA ÜBER DIE WIESE?

Für viele Tiere ist eine blühende Wiese Nahrungsgrundlage. Sie fliegen von Blüte zu Blüte und manche Pflanzen warten darauf, von Schmetterling und Co. besucht zu werden.

29 Ein Schmetterling will bunt sein

LEGE-GESCHICHTE

ALTER ab 3 Jahren

ZIELE Farben kennenlernen, Sprachförderung, Naturwissen

MATERIAL weißes DIN-A3-Blatt, Schere, Bleistift, Papier in Grün, Rot, Gelb, Blau und Braun, Bilder von einem Frosch, Marienkäfer, Biene, Pfau, Reh und Amsel

Die Farben der Tiere haben einen Sinn: Der grüne Grasfrosch fällt im Gras wegen seiner grünen Farbe nicht auf und ist für seine Angreifer so gut wie unsichtbar. In dieser Geschichte zeigt der Kohlweißling, eine Schmetterlingsart, den Kindern, warum dieser Schmetterling eigentlich keine Farben braucht.

Malen Sie auf ein weißes DIN-A3-Blatt einen Schmetterling auf und schneiden Sie diesen aus. Bereiten Sie jeweils zwei Kreise im Durchmesser von 4 Zentimetern in den Farben Grün, Rot, Gelb, Blau und Braun vor.

Fragen Sie die Kinder, ob sie Schmetterlinge kennen: Wie sehen sie aus? Was ist das Besondere an ihnen? Haben die Kinder im Anschluss Lust, eine Geschichte über einen Schmetterling zu hören?

Der Kohlweißling

Der Kohlweißling gehört zu den Schmetterlingen und ist auf Wiesen und dort, wo es Nektarpflanzen gibt, sehr verbreitet. Er ist von März bis Oktober zu sehen. Wie es der Namensteil „Weißling“ schon sagt, ist die Grundfärbung der Flügeloberseiten weiß. Im Bereich der Spitze sind die Vorderflügel dunkelgrau gefärbt und ein länglicher Fleck befindet sich in der Nähe des inneren Flügelrandes.

Mimikry

Viele Tiere und Pflanzen nutzen die *Mimikry*, also die Nachahmung von visuellen, auditiven oder olfaktorischen Signalen, um sich vor Fressfeinden zu schützen oder Beute oder Bestäuber anzulocken. Zu ihnen zählen einige Schmetterlingsarten, die Schwebefliege, die sich als Wespe tarnt, oder auch bestimmte Orchideen.
Die Fähigkeit, das Aussehen an den eigenen Lebensraum anzupassen, nennt man *Mimese*. Eines der berühmtesten Beispiele ist hierbei das Chamäleon.

Geschichte

Ich habe euch eine Geschichte von einem Schmetterling mitgebracht.
Legen Sie einen weißen Schmetterling in die Mitte.

Dieser Schmetterling ist ein Weißling. Warum er so heißt, könnt ihr euch sicher vorstellen – er hat keine Farben. Deshalb ist er sehr traurig, er möchte auch gerne so schön bunt sein wie seine Freunde, z. B. das Tagpfauenauge oder der Bläuling. Doch er ist nur weiß. Heute macht er sich deshalb auf den Weg, um andere Tiere zu bitten, ihm auch Farben zu schenken.
Zuerst trifft er einen Frosch und bittet ihn um die Farbe … Grün.
Natürlich gibt ihm der Frosch etwas Grün ab und schon hat er einen grünen Punkt auf seinen Flügeln.
Lassen Sie die Kinder auf jeden Flügel einen grünen Punkt legen.

So fliegt er weiter und findet im hohen grünen Gras einen Marienkäfer, diesen bietet er um die Farbe … Rot.
Prima, jetzt hat er auf jeder Seite seiner Flügel einen roten Punkt.
Lassen Sie die Kinder die roten Punkte auf den Flügel legen.

An einer Blüte trifft er eine Biene. Was meint ihr, was für eine Farbe er von der Biene bekommt? Richtig, gelb!
So hat er jetzt auch noch gelbe Punkte auf seinen Flügeln.
Gelbe Punkte auflegen.

Nun sieht er einen Vogel über die Wiese stolzieren und seine Federn schlagen ein Rad. Dieser Vogel, heißt Pfau und er schenkt ihm die Farbe … Blau.
Blaue Punkte auf die Flügel legen.

Er fliegt noch in die Nähe des Waldrandes und dort grast ein Reh. Auch dieses bittet der kleine Schmetterling um eine Farbe und von Reh bekommt er … Braun.
Lassen Sie nun die braunen Punkte auf die Schmetterlingsflügel legen.

Nun ist aus unserem Weißling ein bunter Schmetterling geworden. Was meint ihr? Möchte er so bleiben? Nein, denn er ist jetzt der auffälligste Schmetterling, den es gibt, und alle Tiere, die Schmetterlinge fressen wollen, sehen ihn schon von Weitem. Als eine Amsel auf unseren Schmetterling zufliegt, um ihn zu fressen, wirft er schnell alle Farben wieder ab. So ist er wieder der kleine Weißling. Und wenn er sich auf eine weiße Blüte setzt, kann ihn die Amsel nicht mehr sehen.

Beim Auflegen der Farbpunkte auf die Flügel des Schmetterlings ist es toll, wenn die Kinder die Farben selbst herausfinden und aus den farbigen Punkten die richtige Farbe auswählen. Im Anschluss an die Geschichte können Sie gemeinsam über das nachdenken, was der Schmetterling getan hat: Hat er recht? Viele Tiere tarnen sich in der Natur. Fallen den Kindern weitere Tiere ein, die zu dieser List greifen (z. B. Chamäleon, Schlange, Tintenfisch)?

30 Wie die Schmetterlinge auf der Wiese

BEWEGUNGSGESCHICHTE

ALTER ab 2 Jahren

ZIELE Bewegungsfreude, Grobmotorik

MATERIAL zwei Chiffontücher und jeweils ein Sitzkissen oder eine Teppichfliese pro Kind

Für diese Bewegungsgeschichte verwandeln sich die Kinder in Schmetterlinge, die sich auf eine Reise begeben. Da sie ohne große Materialien und schwere Übungen auskommt, können schon Kinder unter drei Jahren mitmachen.

Bevor Sie loslegen, können Sie an einem Ende des Raums die Sitzkissen verteilen. Die Kinder sollten noch genug Raum zum Tanzen und „Fliegen“ haben.

Geschichte

Ihr kennt doch alle Schmetterlinge. Es sind ganz besondere Tiere mit wunderschönen Flügeln. Heute wollen wir alle Schmetterlinge sein, die ihre bunten Flügel ausbreiten.
Jedes Kind bekommt zwei Chiffontücher (binden Sie diese jüngeren Kindern ans Handgelenk) und darf aufstehen.

Vergnügt und munter fliegen die Schmetterlinge nun über eine große bunte Wiese.
Die Kinder laufen durch den Raum und schwingen dabei ihre Tücher.

Dabei tanzen die Schmetterlinge. Sie drehen sich, fliegen rauf und runter.
Die Kinder drehen sich um ihre eigene Achse und bücken und strecken sich. Dies wird mehrmals wiederholt.

Schließlich haben die Schmetterlinge genug getanzt und sind hungrig geworden. Sie fliegen ganz langsam und suchend umher.
Kinder schleichen vorsichtig durch den Raum.

Sie suchen eine Blume. Da! Ich sehe eine schöne, passende Blume auf der Wiese, die mit köstlichem Nektar gefüllt ist. Vorsichtig landet der Schmetterling auf der Blume.
Jedes Kind geht zu einem Sitzkissen.

Nun sind die Schmetterlinge richtig satt und als sie die Blume gerade wieder verlassen wollen, bemerken sie, dass sie nicht alleine auf der Wiese sind. Fröhlich winken sie den anderen zu.
Alle blicken sich um und winken sich gegenseitig zu.

Die Schmetterlinge nehmen sich einen Partner und fliegen nun zusammen.
Jedes Kind nimmt sich einen Partner, fasst diesen an einer Hand und beide laufen nun gemeinsam durch den Raum.

Jetzt möchten die Schmetterlinge gern tanzen.
Kinder fassen sich an beiden Händen und hüpfen im Kreis.

Da sind noch mehr Schmetterlinge! Kommt, wir fassen uns alle an den Händen.
Alle Kinder kommen zu einem Kreis zusammen.

Lasst uns mal eng zusammengehen und wieder auseinander.
Alle Kinder gehen zur Mitte und wieder nach außen.

Welcher Schmetterling möchte einmal um den Kreis herumfliegen?
Ein Kind nach dem anderen fliegt um den Kreis herum.

Das war schön, doch jetzt wollen die Schmetterlinge wieder alleine fliegen.
Alle Kinder schwingen ihre Chiffontücher und laufen durch den Raum.

Jetzt werden sie müde und suchen eine schöne Blume, auf der sie es sich gemütlich machen können.
Jedes Kind geht zu einem Sitzkissen und setzt sich darauf.

Nun schließen die Schmetterlinge ihre Augen. Sie spüren, dass es Abend wird und die Strahlen der untergehenden Sonne sie wärmen. Das tut gut und sie schlafen schließlich ein und träumen einen schönen Traum vom Fliegen über eine bunte Blumenwiese.

Damit beenden Sie diese Bewegungseinheit.

Symmetrie

Dinge, die durch Spiegeln, Verschieben oder Drehen genau seitengleich aussehen, heißen in der Mathematik „symmetrisch". Dieser Begriff kommt von dem griechischen Wort „symmetria" und bedeutet Ebenmaß oder Gleichmaß. Er hat seinen Ursprung in der Geometrie und dient dazu, die Form von Figuren zu beschreiben. Eine Figur ist spiegel- oder achsensymmetrisch, wenn ihr Spiegelbild genauso aussieht wie sie selbst. Dann lässt sich in der Figur eine Linie finden, die die Figur in zwei spiegelverkehrte Hälften teilt.

31 Klatsch-Falter

KREATIVAKTION

ALTER ab 4 Jahren

ZIELE Symmetrie erkennen, Sprachförderung, Feinmotorik, Fantasie, Kreativität

MATERIAL Wasserfarben, Gläser, Wasser, Pinsel, Malblätter, bunter Tonkarton, Schere, Kleber, Spiegel

Ein Schmetterling ist in der Natur symmetrisch, das heißt, dass er zwei gleiche Körperhälften hat. Mit Klecksbildern, die in der Mitte gefaltet werden, können sich die Kinder ihren eigenen spiegelsymmetrischen Schmetterling kreieren.

Basteln Sie als Vorbereitung einen einfachen Schmetterling und bekleben Sie beide Flügel gleich. Das können auf jeder Seite jeweils zwei gleich große und aus der gleichen Farbe bestehende Punkte sein.

Im Sitzkreis beschreiben die Kinder die Farbe und das Aussehen des Schmetterlings. Fällt ihnen an den Flügeln etwas auf? Sie sehen genau gleich aus, sie sind spiegelgleich oder symmetrisch. Stimmt das beim Schmetterling auch wirklich? Mithilfe eines Spiegels können die Kinder das herausfinden. Lassen Sie die Kinder selbst mit dem Spiegel hantieren und überlegen, wie sie ihn halten müssen. Wenn man ihn in Längsrichtung genau auf die Mitte des Schmetterlings stellt, fällt es auf: Der Schmetterling erscheint durch den Spiegel wieder vollständig.

Zeigen Sie den Kindern, wie sie etwas herstellen, das spiegelgleich ist. Dies geht durch Falten. Nehmen Sie ein Malblatt und falten es in der Mitte. Führen Sie den Kindern ein Klecksbild vor, dazu einige Tropfen Wasserfarbe auf die eine Hälfte des Blattes geben. Das Blatt sofort zusammenfalten und glatt streichen. Wenn Sie das Blatt erneut auffalten, sehen die Kinder ein auf beiden Seiten völlig gleiches Klecksbild, das durch die nasse Farbe und das Aufeinanderfalten entstanden ist.
Die Faltlinie ist noch zu erkennen, beide Seiten sind jetzt gleich symmetrisch, klappsymmetrisch.
Lassen Sie die Kinder nun selbstständig arbeiten und geben Sie ihnen die Möglichkeit, viele Klappbilder zu gestalten.
Nach dem Trocknen der Bilder kann sich jedes Kind eines oder zwei seiner Kunstwerke aussuchen. Aus buntem Tonpapier schneiden Sie mit den Kindern einen Schmetterlingskörper aus. Aus den Klappbildern schneiden Sie zwei gleiche Flügel aus. Diese werden jetzt einfach auf den Körper geklebt. Die Kinder dürfen noch aus dem Papier Fühler basteln.

32 Ein Bienenheim gestalten

KREATIVAKTION

ALTER ab 4 Jahren

ZIELE Feinmotorik, Arbeitsabläufe erfassen

MATERIAL weiße Malblätter, Luftpolsterfolie, gelbe Fingerfarbe, Pinsel, Schälchen, schwarzer Filzstift, Buntstifte

Mit Luftpolsterfolie einen Bienenkorb drucken: Das macht den Kindern bestimmt Spaß. Die Bewohner des tollen Bienenheims entstehen durch ganz einfache Fingertupfer.

Schneiden Sie aus der Luftpolsterfolie einzelne Stücke von einer Größe von ca. 15 × 15 Zentimeter zurecht. Aus diesen Stücken schneiden die Kinder frei einen Bienenkorb aus. Den ausgeschnittenen Bienenkorb mit gelber Fingerfarbe bestreichen und vorsichtig auf das Malblatt legen. Nur leicht andrücken. Die Folie entfernen und voilà: Der „Bienenkorb" ist zu sehen. Die Kinder können einen Finger in die gelbe Farbe drücken und rund um den Korb einige Abdrücke machen.

Das Bild trocknen lassen. Nach dem Trocknen mit dem schwarzen oder braunen Filzstift die Bienen mit Streifen, Flügeln und Beinchen ausgestalten und dem Korb eine Kontur geben.

TIPP Werfen Sie die bemalte Luftpolsterfolie nicht weg, sondern kleben Sie die Folie auf ein blaues DIN-A4-Papier. Die Kinder dürfen frei und ohne Vorgaben aus gelbem und weißem Papier Bienen basteln und das Blatt ausgestalten.

33 Fleißige Bienchen auf der Wiese

SPIEL

ALTER ab 2 Jahren

ZIELE Kreativität, Fantasie, Feinmotorik, Farbenlehre

MATERIAL Farbenwürfel, Tonkarton in den sechs Farben des Würfels, Schuhkarton, gelbes Tonpapier, Schere, Kleber

Dieses selbst gestaltete Spiel kann schon mit Kindern ab zwei Jahren gespielt werden.

Gestalten Sie jeweils zwei Blüten – insgesamt zwölf – von jeder Farbe des Würfels. Bekleben Sie den Deckel und das Unterteil des Schuhkartons so mit gelbem Tonpapier, dass sich der Karton wieder öffnen lässt. Machen Sie auf eine Seite des Deckels einen Schlitz, in den die Kinder die Blüten einwerfen können. Zusätzlich kann der Spielkarton mit Bienen oder Honiggläsern bemalt werden.

Setzen Sie sich mit den Kindern zusammen und stellen den Karton/Bienenstock hochkant vor die Kinder. Verteilen Sie um den Bienenstock die Blüten. Jetzt kann das Spiel beginnen.

Sprechen Sie mit den Kindern die Farben auf dem Würfel durch und zeigen Sie dabei auch auf die jeweiligen Blüten. In diesem Spiel fliegen die Kinder in ihrer Fantasie als Bienen über die Wiese. Je nach gewürfelter Farbe darf sich jede Biene eine Blüte nehmen.
Die Kinder würfeln nun reihum und stecken die erwürfelte Blüte jeweils in den Schlitz des Bienenstocks.
Würfelt ein Kind eine Blütenfarbe, die nicht mehr vorhanden ist, darf es noch einmal würfeln oder das nächste Kind ist an der Reihe. So spielen die Kinder, bis alle Blüten im Bienenstock sind.

34 Wer summt denn da?

SACHGESPRÄCH

ALTER ab 3 Jahren

ZIELE Naturwissen, Sprache

MATERIAL Kopiervorlage „Biene, Hummel, Wespe", gelbes, weißes, hellbraunes und schwarzes Tonpapier, schwarzer und brauner Filzstift, Schere, Kleber, Glas Honig, Bild von einem Insektenhotel

Wespen, Hummeln, Bienen – wenn etwas Schwarz-Gelbes durch die Luft schwirrt, ist es manchmal gar nicht so einfach, sofort zu erkennen, welches Fluginsekt da gerade unterwegs ist. In diesem Gespräch können die Kinder die Unterschiede zwischen Biene, Hummel und Wespe erkennen.

Um möglichst naturgetreue Fluginsekten zu erhalten, können Sie die Vorlagen aus diesem Heft auf den farblich passenden Tonkarton übertragen, ausschneiden und zusammenkleben. Mit den Filzstiften farblich ausgestalten.
Sie können natürlich auch Bilder aus dem Internet ausdrucken, dann entfällt das Basteln.

Stellen Sie dazu im Sitzkreis ein Glas mit Honig in die Mitte. Die Kinder werden sicherlich schon neugierig sein: Fragen Sie, ob die Kinder wissen, was das ist und woher der Honig eigentlich kommt. Gemeinsam können sie herausbekommen, dass der Honig aus Blütensaft/Nektar

Hummeln, Honigbienen, Wespen

Die meisten **Hummeln** tragen einen schwarz-gelben Pelz und ähneln auf den ersten Blick Bienen oder Wespen. Doch Hummeln sind deutlich größer und sie fliegen auch ganz gemütlich. Normalerweise interessieren sie sich überhaupt nicht für Menschen. Nur die Weibchen stechen, allerdings nur, wenn sie direkt bedroht werden, etwa durch Erdrücken.
Wespen kommen dem Menschen häufiger nahe. Der Grund ist, dass Wespen vieles mögen, was auch Menschen essen. Sie werden von Süßem bzw. Zuckerhaltigem angezogen – zum Beispiel Saft, Kuchen oder Eis –, doch sie fressen auch Fleisch.
Die Wespen werden am häufigsten mit den Bienen verwechselt. Wespen sind aber kleiner und schlanker als Bienen und haben keine Haare. Auch haben sie eine „Taille", woher der Begriff Wespentaille stammt. Außerdem sind sie im Flug beweglicher als eine Biene. Ihre Farbe ist auch etwas heller und eher gelb, während Bienen eher braungelb und dunkler sind.
Die **Honigbiene** ist die wohl bekannteste Bienenart bei uns. Imker halten Bienenvölker in sogenannten Bienenstöcken, um Honig zu gewinnen. Teilweise werden sie auch gezielt eingesetzt, um Obstblüten zu bestäuben. Die Biene ist behaart wie eine Hummel, allerdings nicht so stark, und sie ist auch deutlich kleiner. Im Vergleich zu Wespen wirken Bienen etwas dicker.

besteht, den die Honigbienen in den Blüten mit ihrem Saugrüssel gesammelt haben. Er wird in kleinen sechseckigen Zellen im Bienenstock aufbewahrt, bis ein Imker ihn aus diesem löst.
Erzählen Sie den Kindern, dass Sie heute jemanden mitgebracht haben, und zwar eine Biene. Sie ist eine Honigbiene, die die Kinder im Spiel auch direkt begrüßen kann:
„Hallo Kinder, ich bin Bienchen und euch allen bestimmt bekannt, denn ich bin eine Honigbiene. Doch es gibt nicht nur Honigbienen, ich habe noch viele Verwandte, die nicht wie ich in einem Bienenstock leben. Zwei Verwandte von mir habe ich euch heute mitgebracht, es sind Hummel und Wespe."
Legen Sie die beiden dazu und diese stellen sich auch den Kindern vor.
„Hallo Kinder, ich bin Hummel und ich bin eine Wildbiene."
„Hallo Kinder, ich bin Wespe und auch eine Wildbiene."
Die Kinder können nun weiter über die drei verschiedenen Insekten beraten und mit den hergestellten Beispielen spielen.
Bieten Sie den Kindern an, im Freispiel eine oder mehrere der drei Insekten zu basteln.

35 Bienchen summm herum

BEWEGUNGSLIED

ALTER ab 2 Jahren
ZIELE musikalische Grunderfahrung
MATERIAL Liedtext

Dieses bekannte Kinderlied können Sie mit passenden Bewegungen wieder einmal zum Leben erwecken. Auf der Wiese können die Kinder bestimmt auch echte summende Bienen beobachten und sich den Brummton anhören, den sie beim Fliegen machen.

Kennen die Kinder das Lied „Summ, summ, summ" schon? Können sie es vorsingen? Haben die Kinder Lust, es mit Bewegungen zu begleiten?

Die erste Strophe:

Summ, summ, summ, Bienchen summ herum.
Im Rhythmus in die Hände klatschen.

Ei, wir tun dir nichts zuleide,
Mit dem Kopf schütteln.

flieg nur aus in Wald und Heide,
Den Zeigefinger vor dem Körper hin und her bewegen.

summ, summ, summ, Bienchen summ herum.
Im Rhythmus in die Hände klatschen.

Besprechen Sie mit den Kindern den Liedtext. Singen Sie die Strophe ein zweites Mal, diesmal schon mit den Bewegungen.

Die zweite Strophe:

Summ, summ, summ, Bienchen summ herum.
Im Rhythmus in die Hände klatschen.

Such in Blüten, such in Blümchen,
Sich suchend umschauen.

dir ein Tröpfchen, dir ein Krümchen.
Mit dem Zeigefinger auf verschiedene Körperteile deuten.

Summ, Summ, summ, Bienchen summ herum.
Im Rhythmus in die Hände klatschen.

Die dritte Strophe:

Summ, summ, summ, Bienchen summ herum.
Im Rhythmus in die Hände klatschen.

Sonne über allen Wegen,
Mit den Armen eine Sonne zeigen.

Blütenduft weht dir entgegen.
Mit den Händen Luft in Richtung Nase fächeln.

Summ, summ, summ, Bienchen summ herum.
Im Rhythmus in die Hände klatschen.

Die vierte Strophe:

Summ, summ, summ, Bienchen summ herum.
Im Rhythmus in die Hände klatschen.

Kehre heim mit reicher Habe,
So tun, als würde man etwas Schweres heben.

bau dir manche volle Wabe.
Mit den Händen ein Sechseck in die Luft zeichnen.

Summ, summ, summ, Bienchen summ herum
Im Rhythmus in die Hände klatschen.

Erweiterungsmöglichkeit

Machen Sie aus dem Lied ein Kreisspiel. Ein Kind spielt dann das Bienchen in der Mitte des Kreises. Das Kind fliegt bei „Bienchen summ herum“ mit ausgebreiten Armen im Kreis und macht während der Strophen die passenden Bewegungen. Die Kinder klatschen den Rhythmus mit.

36 Von Blüte zu Blüte

SELBSTMACH-SPIEL

ALTER ab 2 Jahren

ZIELE Feinmotorik, Geschicklichkeit

MATERIAL Kopiervorlage „Blüte", fester Karton, grünes Papier, Schere, Kleber, bunte Papierreste, vier Perlen in Gelb (Biene) oder vier bunte Perlen (Schmetterling), Bleistift, Draht, Schnürsenkel in Gelb und Grün oder Fädelschnur

Dieses selbst hergestellte Fädelspiel ist ganz schön knifflig: Es erfordert von den Kindern viel Geschicklichkeit, um die Biene oder den Schmetterling von Blüte zu Blüte „fliegen" zu lassen. Dafür macht schon das Herstellen Riesenspaß!

Kleben Sie den festen Karton auf grünes Papier. Zeichnen Sie einen größeren Kreis auf. Als Muster kann ein großer Teller dienen. Schneiden Sie den Kreis aus. Lassen Sie die Kinder mithilfe der Kopiervorlage „Blüte" sechs Blüten in verschiedenen Farben gestalten und kleben diese verteilt auf den grünen Kreis auf. Schneiden Sie das Innenteil aus den Blüten. Für den Schmetterling oder die Biene fädeln die Kinder die Perlen auf den Schnürsenkel. Achten Sie darauf, dass diese an einem Ende festgemacht werden, damit sie nicht mehr verrutschen. Gestalten Sie gemeinsam mit den Kindern nach Lust und Laune die Biene oder den Schmetterling noch aus, mit Flügeln, Augen und Fühlern. Damit die Kinder leichter fädeln können, schieben Sie noch einen kurzen Draht durch die Perlen und verkleben diesen an den Öffnungen.
In den Karton jetzt ein Loch stechen und das andere Ende der Schnur daran verknoten. Schon können der Schmetterling oder die Biene von Blüte zu Blüte „fliegen".

Der Marienkäfer

Viele Menschen denken, die Punkte auf dem Rücken der Marienkäfer zeigen sein Alter an, aber die Punkte und Farben markieren nur die Art. Der Marienkäfer, der bei uns am häufigsten vorkommt, ist der Siebenpunkt-Käfer. Siebenpunkt-Marienkäfer haben einen typisch roten Panzer. Sie besitzen einen halbkugeligen Körper und sieben Punkte auf den roten Vorderflügeln. Die Größe und die Form der Punkte sind variabel. Es gibt auch Marienkäfer mit orangefarbenen oder sogar knallgelben Panzern, wie zum Beispiel der Zweiundzwanzigpunkt-Marienkäfer, der übrigens wirklich 22 Punkte hat.

37 Der Marienkäfer

NATURWISSEN

ALTER ab 3 Jahren

ZIELE Sachwissen, Konzentration

MATERIAL Plakat, Stifte, Bild von einem Marienkäfer

Die kleinen Käfer mit den Punkten kennt natürlich jedes Kind und es gibt sie auf der ganzen Welt. Aber was wissen die Kinder über Marienkäfer?

Laden Sie die Kinder zu einem Sitzkreis ein, um mehr über Marienkäfer zu erfahren. Legen Sie das Bild vor die Kinder und stellen den Kindern verschiedene Fragen. Zuerst antworten die Kinder und Sie ergänzen die Antworten, wenn nötig.

Fragen Sie zuerst, wo die Kinder einen Marienkäfer schon einmal gesehen haben.
Marienkäfer sind vor allem in Parks, in Gärten und auf Wiesen zu sehen.

Warum ist der Marienkäfer rot?
Die rote Farbe ist ein Warnsignal für andere Tiere, mit dem der Marienkäfer signalisiert: „Achtung, ich bin giftig." Wenn er sich beispielsweise von einer Ameise bedroht fühlt, sondert der Marienkäfer eine gelbe, unangenehm riechende Flüssigkeit ab, die aus seinem Kniegelenk tropft.

Wie viele Beine hat ein Marienkäfer?
Er hat sechs Beine, mit denen er sehr schnell krabbeln kann.

Was frisst ein Marienkäfer?
Ein Marienkäfer frisst Blattläuse und Milben, aber auch mal Blütenpollen.

Was macht der Marienkäfer im Winter?
Die erwachsenen Käfer überwintern oft in großen Gruppen zusammen unter Steinen, Rinde, Grasbüscheln und in Moos.

Erstellen Sie mit den Kindern ein Plakat zum Marienkäfer. So vertiefen sich die Informationen und bleiben länger präsent.

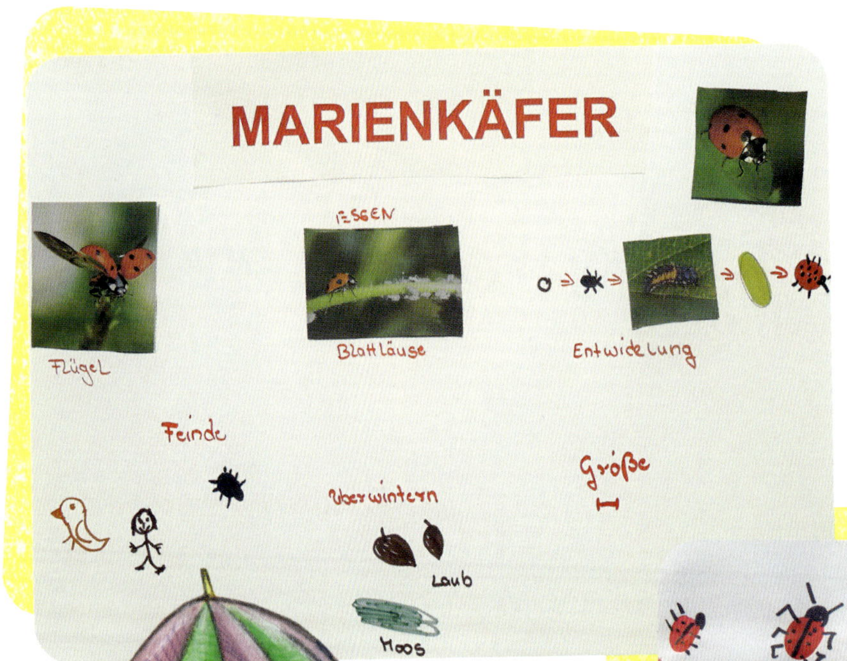

38 Finde den richtigen Käfer!

SPIEL

ALTER ab 4 Jahren

ZIELE mathematische Grunderfahrungen, Feinmotorik

MATERIAL zehn Verschlüsse von Milchtüten, Heißklebepistole, fester Karton in DIN A4, schwarzer Filzstift, grünes und rotes Tonpapier

Bei diesem lustigen Spiel müssen die Kinder ganz genau hingucken – und ein bisschen zählen können. Dann ist es ganz einfach, jedes Käferchen auf das richtige Unterteil zu schrauben. Ein motorisch anspruchsvoller Zählspaß!

Sammeln Sie zehn leere Milchtüten mit Drehverschlüssen. Entfernen Sie aus der Kartonage den Drehverschluss mit (!) dem Deckel. Dazu müssen Sie den Drehverschluss mit der Pappe aus dem Tetra-Pack ausschneiden. Bekleben Sie den DIN-A4-Karton mit grünem Tonpapier. Ordnen Sie dann die ausgeschnittenen Unterteile der Verschlüsse auf dem Karton so an, dass zwischen den einzelnen Verschlüssen Platz für die Füße und Fühler ist, und kleben Sie sie dann mit der Heißklebepistole fest.
Die weißen Oberteile der Verschlüsse, die Deckel, auf das rote Tonpapier kleben und ausschneiden. Der Karton sollte nicht allzu sehr über den Deckel hinausragen, sonst haben die Kinder später Schwierigkeiten beim Aufschrauben. Drehen Sie die Deckel auf das aufgeklebte Unterteil.

Kommen Sie mit den Kindern zu einem Sitzkreis zusammen und zeigen Sie, was Sie mitgebracht haben. Gemeinsam können sie nun ein Marienkäfer-Spiel daraus gestalten.

Legen Sie den Karton mit den Verschlüssen vor die Kinder. Die Kinder dürfen diese probeweise abdrehen und wieder aufsetzen und zudrehen. Zeichnen Sie die Zahlen 1–10 in die Verschlüsse. Die Kinder teilen einmal den roten Deckel mit einem schwarzen Strich in der Mitte und malen die Punkte auf die Deckel. Die Kinder zeichnen mit Ihrer Hilfe auf jeden Deckel einen Punkt mehr, damit Deckel von einem Punkt bis zu zehn Punkten vorhanden sind. Nun können Füße, Kopf und Fühler an die aufgeklebten Unterteile der Verschlüsse gemalt werden. Jetzt kann das Spiel beginnen und die Deckel können den passenden Zahlen zugeordnet und aufgeschraubt werden.

39 Marienkäfer-Snack

KOCHEN UND BACKEN

ALTER ab 4 Jahren

ZIELE Fantasie, Feinmotorik

MATERIAL Eierplätzchen, Fondant in Rot, Messer, Holzspieß, schwarze Lebensmittelfarbe, Eierbecher

Eine kleine Leckerei sind diese Plätzchen, die nicht nur toll aussehen, sondern auch sehr einfach und schnell in der Herstellung sind.

Besorgen Sie die Eierplätzchen oder backen Sie mit den Kindern aus einem Keksteig runde Plätzchen. Die Eierplätzchen auf den Fondant legen und andrücken. Mit dem Holzspieß die Punkte des Käfers am Fondant eindrücken und ihnen mit der schwarzen Lebensmittelfarbe zwei Augen aufmalen. In die Punkte kann man auch die schwarze Farbe aufbringen.

40 Achtung, Spinne!

BEWEGUNGSAKTION

ALTER ab 4 Jahren

ZIELE Spielfreude, Grobmotorik

MATERIAL Bild von einem Marienkäfer, zwei Seile, Rhythmik-Säckchen, Bälle, Langbank, Gymnastikreifen

Im Bewegungsraum oder noch besser auf der Wiese: Diese kleine Sammlung von Bewegungsspielen ganz im Spinnenstyle ist spannend für größere Kinder, zum Beispiel als Wettspiel. Aber auch Gleichgewicht und Geschicklichkeit sind hier gefragt.

Als Vorübung können die Kinder durch den Raum krabbeln – mal vorwärts, mal rückwärts. Für Ihr großes Spinnenrennen markieren Sie eine Start- und eine Ziellinie, zum Beispiel mit zwei Seilen. Auf Ihr Signal hin krabbeln alle Spinnen los. Wer zuerst die Ziellinie erreicht, hat gewonnen.

Spinnen auf der Wiese

Auf einer Wiese bauen Spinnen ihre Netze zumeist in der Krautschicht. Sie spinnen diese zwischen die Stängel und Blätter der Pflanzen. Sehr häufig findet man die Baldachinspinne auf einer Wiese. Sie hängt ihr Netz nach oben hin gewölbt zwischen den Pflanzen auf und webt über dem Netz Stolperfallen, die aus einfach gespannten Fäden bestehen. Insekten stolpern nun über diese Fallen und gehen den Spinnen ins Netz. Dort hängt die Spinne sozusagen in Wartestellung und lauert auf herabstürzende Insekten.

Manche Spinnenarten transportieren ihre Jungen auf ihrem Rücken. Legen Sie den Kindern ein Rhythmik-Säckchen auf den Rücken. Die Spinne, die als erste mitsamt ihrem Kinder-Rucksack auf dem Rücken am Ziel ankommt, ist der Gewinner.
Hier können Sie Varianten einbauen, so können die Spinnen auch Bälle ganz vorsichtig auf dem Rücken balancieren.

Spinnen können auch richtig gut klettern: Stellen Sie eine Langbank in die Mitte und die Spinnen krabbeln über und unter der Bank durch.
Bei „Spinnchen, wechselt die Netze!“ legen Sie im Raum verteilt Gymnastikreifen aus. Diese stellen die Netze dar. Es gibt immer einen Reifen weniger, als es Kinder sind. Ein Kind stellt sich an die Seite und ruft: „Spinnchen, wechselt die Netze!“ Sofort versuchen nun die Kinder, die Reifen zu tauschen; auch das Kind, das gerufen hat, versucht, an einen freien Reifen zu gelangen. Das Kind, das es nicht geschafft hat, ein freies Netz zu ergattern, steht als Nächstes an der Seite. Die Kinder müssen bei diesem Spiel nicht krabbeln, es kann auch im Laufen gespielt werden oder Sie sagen eine Gangart an, wie auf beiden Beinen hüpfen, rückwärtslaufen oder bei älteren Kindern auf einem Bein springen.

41 Ein Wiesenfest

FEST

ALTER ab 2 Jahren

ZIELE Gemeinschaftsgefühl, Naturwissen, Spaß und Freude

MATERIAL Kopiervorlage „Einladung zum Wiesenfest“, Kopiervorlage „Wiesenpuzzle“, 2 Tücher, Grashalme, Wiesenblumen, Lineal, Stifte, Malstifte, weiße Blätter DIN A3, Stempel

Laden Sie die Familien zu einem Wiesenfest ein. Dafür bauen Sie verschiedene Stationen auf, die die Kinder mit ihren Eltern gemeinsam durchlaufen können.

Bereiten Sie die einzelnen Stationen vor. Lassen Sie dazwischen ausreichend Platz. Erstellen Sie einen Laufzettel und kopieren Sie diesen in ausreichender Anzahl. Kopieren Sie das Wiesenpuzzle und kleben es aus Gründen der Stabilität auf einen Karton. Das Puzzle anmalen und in sechs oder acht Teile zerschneiden.

1. Station: Rätsel

Schreiben Sie die Rätsel auf einzelne Karten. Die Antworten notieren die Eltern zusammen mit ihren Kindern auf ihrem Laufzettel.

- Wie heißt die Blume, die das Wort Zahn in ihrem Namen hat? *Löwenzahn*
- Welche Blume ist nach einem weißen Tier benannt? *Gänseblümchen*
- Was kann aus einer Raupe entstehen? *Schmetterling*
- Wie heißt der Teil einer Blume, der in der Erde steckt? *Wurzel*
- Welches Tier entdeckt nur sehr langsam die Wiese? *Schnecke*

2. Station: Wiesenblumen

Legen Sie verschiedene Wiesenblumen auf ein Tuch. Die Aufgabe für die Teilnehmer ist es, die Farben der Blumen zu benennen, so können schon die Jüngsten eifrig mitarbeiten.

3. Station: Der Grashalm

Wie lang ist der längste Grashalm? Legen Sie unterschiedlich lange Grashalme auf ein Tuch. Mit einem Lineal soll die Familie herausfinden, welches der längste ist, und die Zahl auf ihrem Laufzettel notieren.

4. Station: Puzzle

Die Familie setzt das Puzzle zusammen.

5. Station: Ameisen zählen

Stecken Sie einen Bereich auf der Wiese ab, auf der Sie die selbst gebastelten Ameisen verteilen. Diese können Sie beispielsweise nach der Anleitung auf Seite 52 gestalten. Die Familie zählt die Ameisen und schreibt die Anzahl auf.

6. Station: Wiesenbild

Auf einem großen Blatt malt jede Familie als Gemeinschaftsbild eine Wiese.

Einen schönen Abschluss bildet ein gemeinsames Picknick auf der Wiese mit der Löwenzahnbutter (S. 33) und den Käfer-Plätzchen (S. 70). Wenn Sie jeder Familie eine Erinnerung an diesen Tag überreichen möchten, können Sie im Vorfeld eine Wiesenblume pressen und auf ein Blatt kleben. Versehen Sie das Blatt mit der Aufschrift „Zur Erinnerung an das Wiesenfest" und laminieren Sie das Blatt ein.

Maulwurf

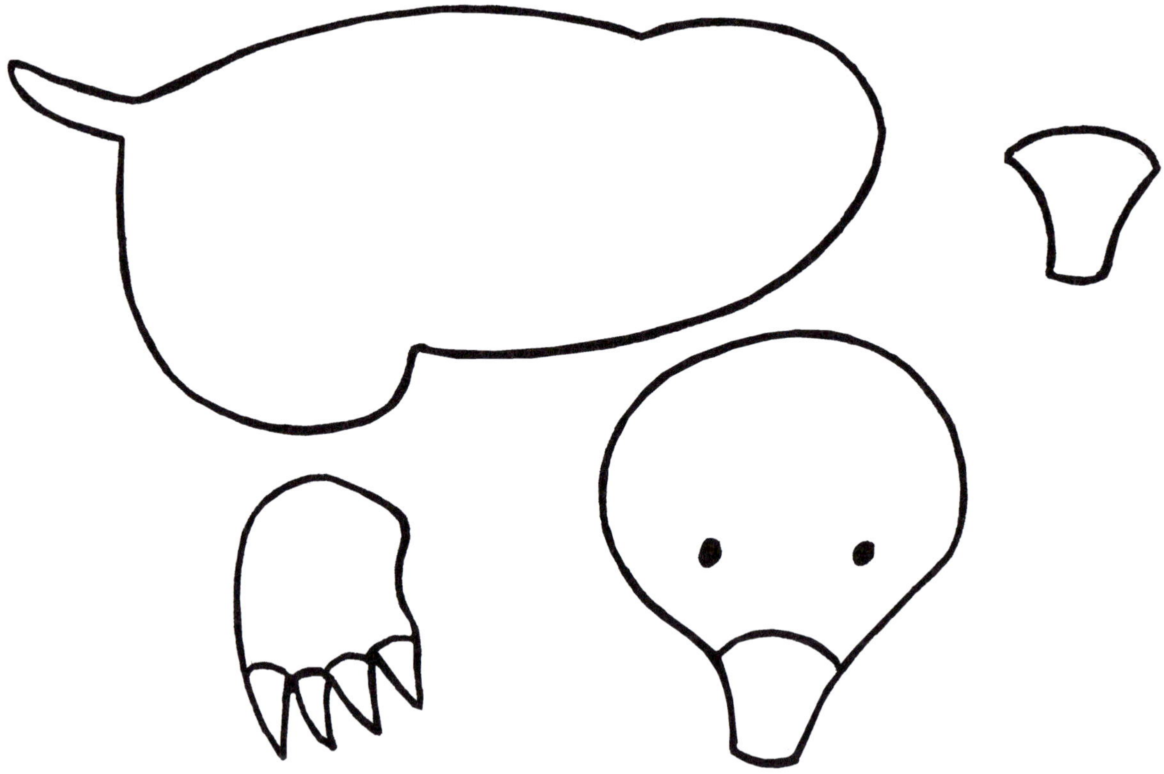

Kleeblatt

Blüte

Gänseblümchen

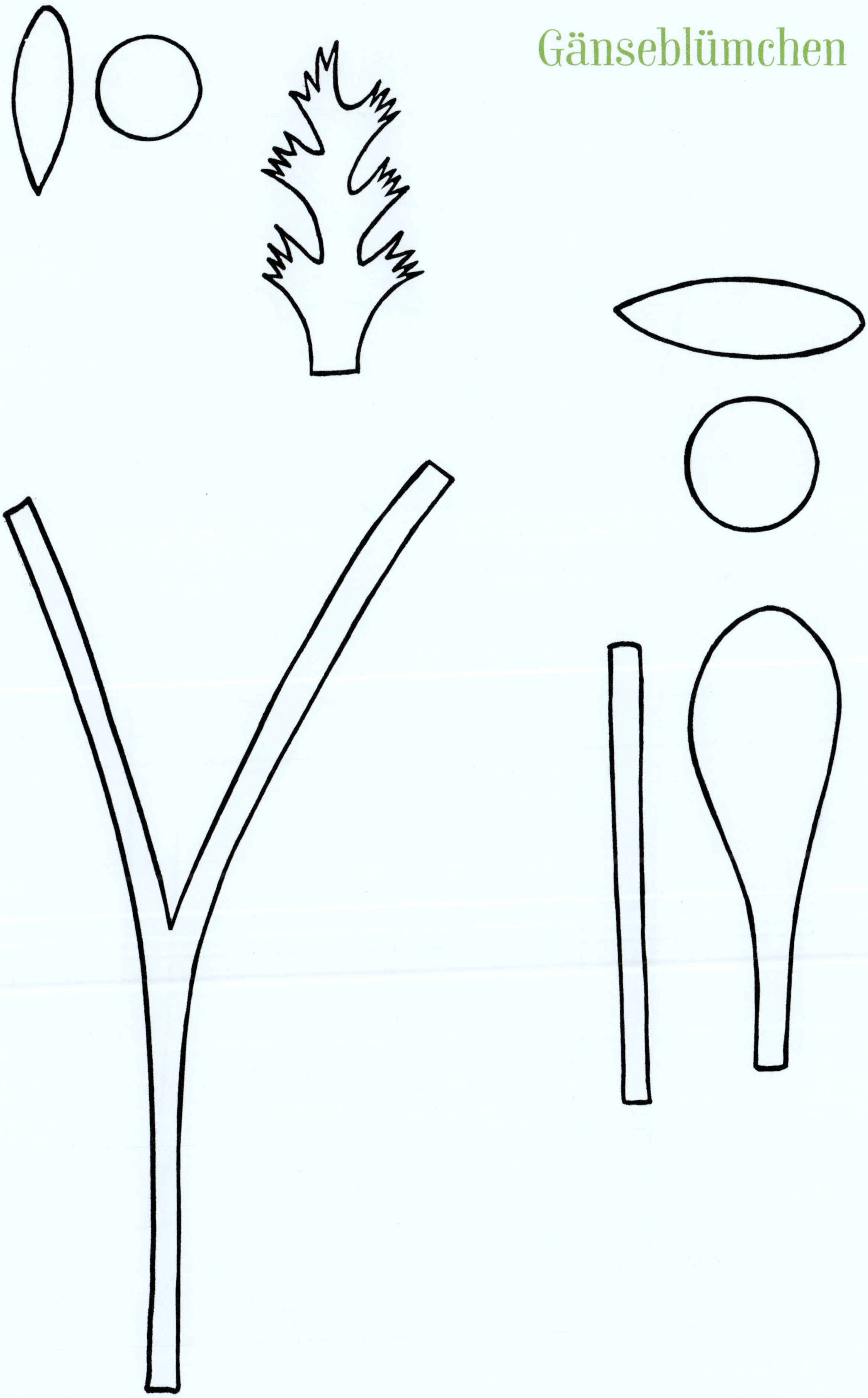

Grashüpfer

Biene

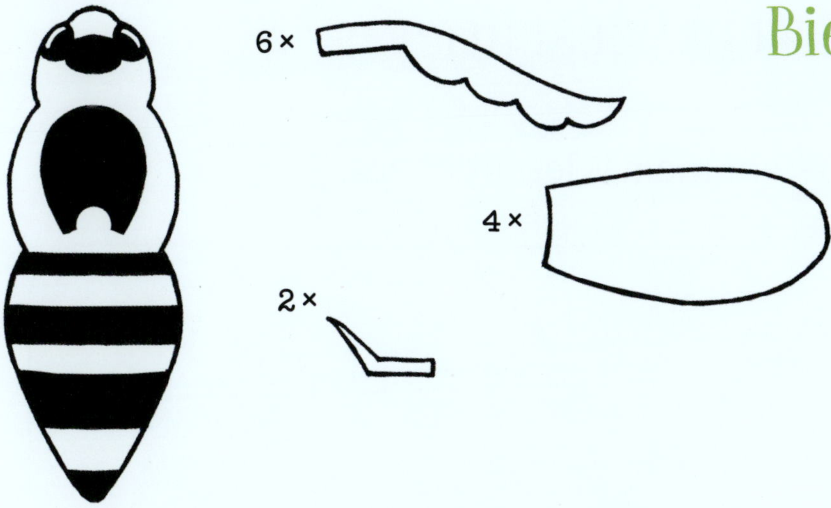

Hummel

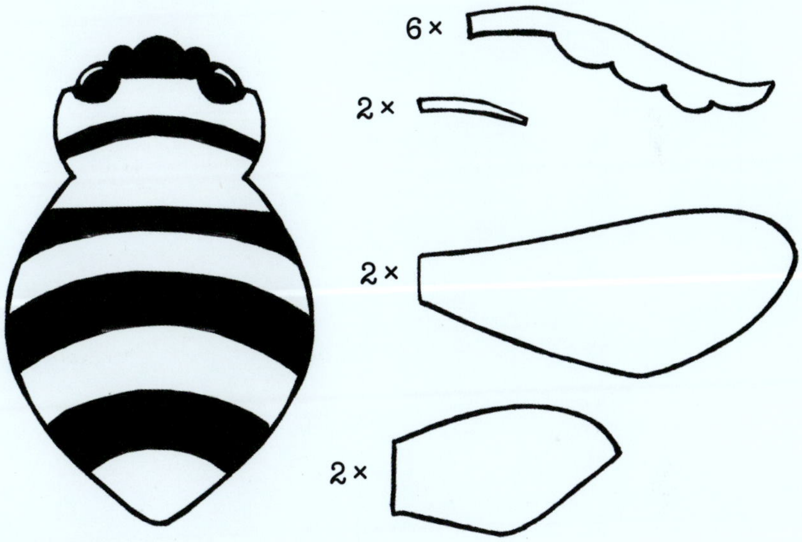

Wespe

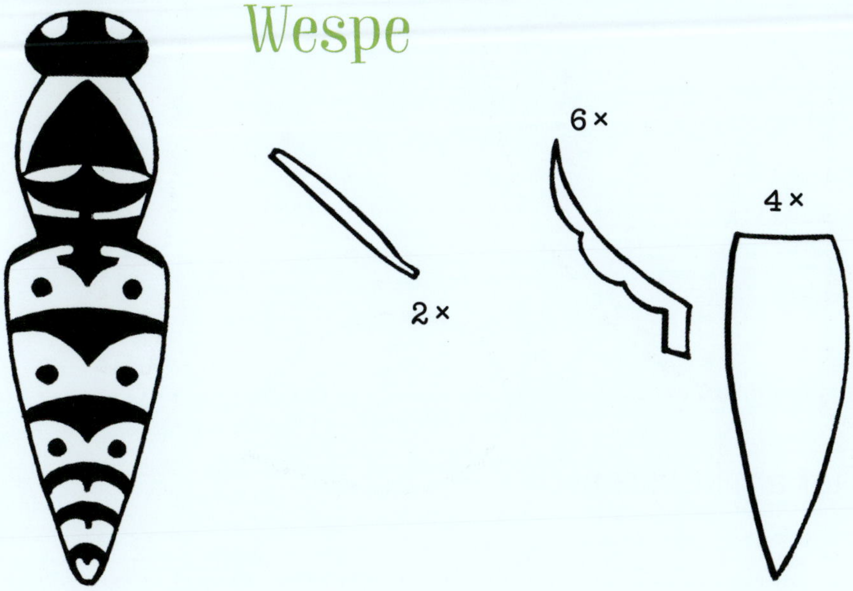

Mein Wiesentier

So sieht mein Wiesentier aus:

So heißt mein Tier:

....

Das frisst mein Tier:

....

Das mag mein Tier am liebsten:

....

Einladung zum Wiesenfest

Liebe Familie ....!

Ihr seid herzlich zum Wiesenfest

am .... um .... Uhr

eingeladen.

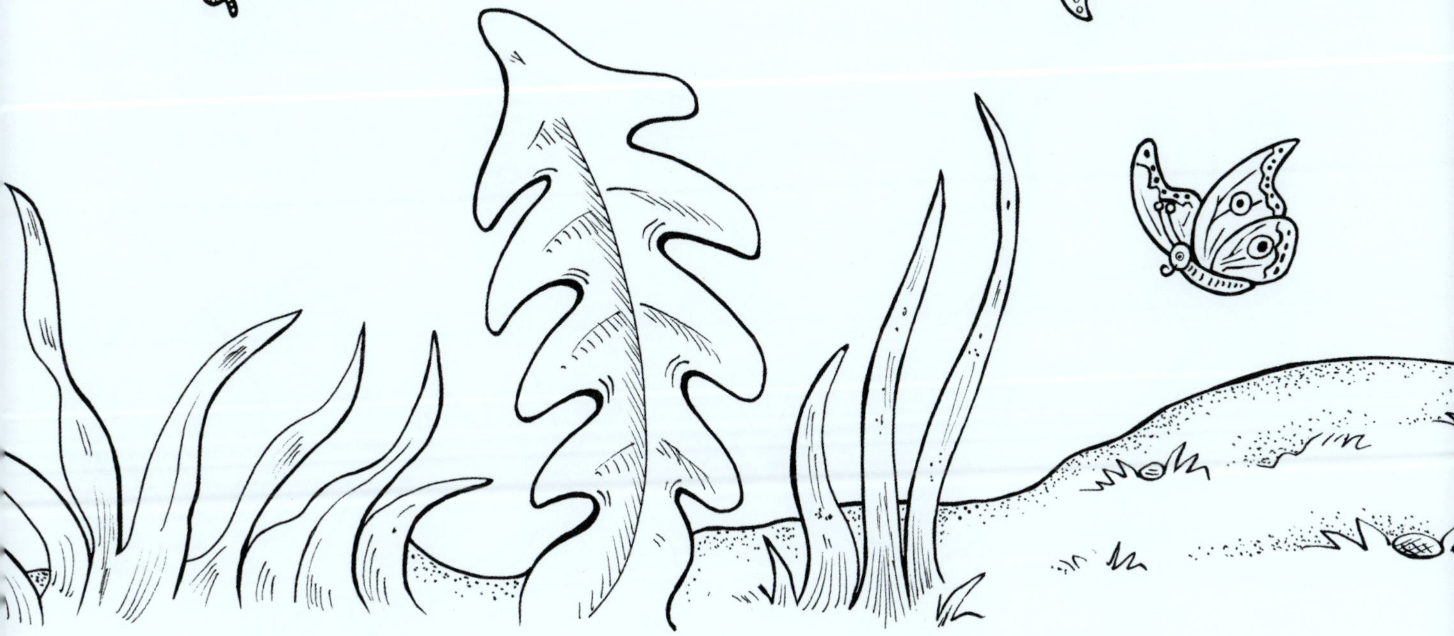

Die Rückanwort bitte bis zum .... abgeben.

Familie ....

nimmt mit .... Personen am Wiesenfest teil.

.... Datum

.... Unterschrift

Wiesenpuzzle